# ¿Y AHORA?

## ¿CÓMO ESCRIBO MI PROPUESTA DE INVESTIGACIÓN?

# SEGUNDO CASTRO-GONZÁLES, PH.D.

INVESTIGACIÓN CIENTÍFICA EN "ARROZ Y HABICHUELAS"
(CLARO, SENCILLO Y DIRECTO)
PARA ESTUDIANTES SUBGRADUADOS, GRADUADOS Y POSTGRADUADOS

# ¿Y AHORA?
## ¿CÓMO ESCRIBO MI PROPUESTA DE INVESTIGACIÓN?

### SEGUNDO CASTRO-GONZÁLES, PH.D.

ISBN: 978-0-578-76000-1

**Diseño Portada**
Carolina Álvarez

**Diseño y Diagramación**
Prof. Carmen Olmos

**Revisión de edición:**

**Primera edición:** Dr. Luis Mayo
**Segunda edición:** Dra. Zoraida Fajardo

**Prefacio 1**
Dra. Arleen Hernández Diaz

**Prefacio 2**
Dr. Juan Carlos Sosa Valera

**Prólogo**
Dr. Javier Hernández Acosta

**PARA CONFERENCIAS O CONTACTAR AL AUTOR"**
E-mail institucional: segundo.castro@upr.edu
E-mail personal: segundojcastro@hotmail.com; segundojcastro@gmail.com
Teléfono / Whatsaap: +1(787) 9236372
Linkedin: https://www.linkedin.com/in/segundo-castro-gonz%C3%A1les-9a375658/
Google citation: https://scholar.google.es/citations?user=QVUz_igAAAAJ&hl=es
Facebook: https://www.facebook.com/segundo.castro.372
Skype: segundo.castro5
ORCID Author: http://orcid.org./0000-0003-0801-0839

# CONTENIDO

PREFACIO 1 .................................................................................................. 8

PREFACIO 2 .................................................................................................. 9

PRÓLOGO...................................................................................................... 11

INTRODUCCIÓN ........................................................................................... 14

AGRADECIMIENTOS .................................................................................... 18

PORTADA Y HOJAS PREVIAS AL PRIMER CAPÍTULO DE LA PROPUESTA DE
INVESTIGACIÓN ........................................................................................... 20

Tip de ayuda tecnológica 1: Proceso para hacer su numeración
divida en dos secciones (números romanos y arábicos) .......................... 22

Diseño de la portada .................................................................................. 25

Resumen ...................................................................................................... 27

Tabla de contenido ..................................................................................... 27

Lista de tablas y gráficas ........................................................................... 29

Títulos y subtítulos de diferentes niveles y sus características ............... 30

Dedicatoria (opcional) ................................................................................ 31

Reconocimiento (opcional) ........................................................................ 32

Elaboración de índices automáticos usando Word ................................. 33

Tip de ayuda tecnológica 2: Proceso para hacer su índice automáticamente y
actualizar periódicamente ......................................................................... 33

Utilidad y uso de los conectores en el texto............................................ 38

Tip de Apoyo práctico 3.a: Diferentes Tip os de conectores
que
se usan en el escrito (Vásquez, 2005 & Cassany, 1995) .......................... 40

Continuación Tip de apoyo práctico 3.a: Diferentes Tipos
de conectores que se usan en el escrito (Vásquez, 2005 & Cassany, 1995)........... 41

Importancia del enfoque de la investigación y como éste
define la escritura de los diferentes capítulos ......................................... 42

1. Enfoques de investigaciones cuantitativas............................................ 42

2. Enfoques de investigaciones cualitativas ................................................. 43

3. Investigaciones mixtas ........................................................................... 44

CAPÍTULO 1: INTRODUCCIÓN PARA INVESTIGACIONES CUANTITATIVAS ............... 46

    Ejemplo 8: Estructura del primer capítulo de la investigación ................. 47

    1.1 Antecedentes del problema de investigación (planteamiento del problema de investigación) .......................................................... 47

    Ejemplo 9: Antecedentes del problema de investigación ......................... 49

    1.2 Declaración del problema de investigación ................................... 50

    Ejemplo 10: Declaración del problema de investigación ......................... 51

    1.3 Objetivos del problema de investigación ..................................... 51

    *Tip* de apoyo práctico 3.b.: Verbos que pueden ser utilizados en la redacción de objetivos generales y específicos, y verbos para objetivos de acuerdo con la taxonomía de Bloom. ................................... 53

    *Verbos que pueden ser utilizados en la redacción de objetivos según el nivel (Bavaresco, 2013)* ................................................... 54

    Ejemplo 11: Objetivos de investigación ................................................ 55

    1.4 Ejemplo 12: Preguntas de investigación ...................................... 56

    Ejemplo 12: Preguntas de investigación ............................................... 56

    1.5 Justificación de la investigación .................................................. 57

    Ejemplo 13: Justificación de la investigación ........................................ 57

    1.6 Viabilidad de la investigación ..................................................... 59

    Ejemplo 14: Viabilidad de la investigación ........................................... 59

    1.7 Estado actual de la investigación ................................................ 60

    Ejemplo 15: Estado actual de la investigación ...................................... 61

CAPÍTULO 1: INTRODUCCIÓN PARA INVESTIGACIONES CUALITATIVAS .................. 63

    1.1. (Q) Guías generales para escribir el primer capítulo de las investigaciones cualitativas ................................................................ 63

    Tabla 1: Comparación del planteamiento del problema de investigación y sus elementos para enfoques cuantitativos y cualitativos ................................................................................... 64

    Ejemplo 16: Tema, problema, objetivos y preguntas de una investigación cualitativa ................................................................ 65

RECOMENDACIONES PREVIAS ANTES DE ESCRIBIR EL CAPÍTULO 2 ................... 67

A. Bases de datos donde se debe hacer búsqueda de literatura .................. 68

B. Revisión de literatura práctica y efectiva usando
Scholar Google ............................................................................................. 69

    *Tip* de ayuda tecnológica 4: Búsqueda de bibliografía usando Scholar
    Google ..................................................................................................... 71

    *Tip* de ayuda tecnológica 5: Refinamiento por fecha de publicación,
    idioma y relevancia ................................................................................ 72

C. Gerencia de bibliografía, citar mientras se escribe y hacer
referenciasm automáticamente usando "Mendeley®" ................................... 72

C.1 Crear cuenta de Mendeley® y bajar el programa
a su computadora ......................................................................................... 73

    *Tip* de ayuda tecnológica 6: Creación secuencial de una
    cuenta de Mendeley® y descargar el programa en su PC ...................... 74

C.2 Conociendo a Mendeley®, sus características funcionales ..................... 76

    *Tip* de ayuda tecnológica 7: Características funcionales
    del desktop de Mendeley® ...................................................................... 77

C.3 Adicionar documentos y crear archivos con Mendeley® ........................ 78

    *Tip* de ayuda tecnológica 8: Adicionar documentos nuevos en
    "Mendeley" ® y crear fólderes del desktop ............................................. 78

C.4 Citar mientras se escribe y hacer referencias bibliográficas
automáticas con Mendeley® .......................................................................... 80

    *Tip* de ayuda tecnológica 9: Instalación de Plugin para
    citar con "Mendeley" ®............................................................................. 81

    *Tip* de ayuda tecnológica 10: Proceso para citar mientras se escribe
    usando "Mendeley" ® .............................................................................. 83

C.5 Hacer referencias bibliográficas con Mendeley®.................................... 84

    *Tip* de ayuda tecnológica 11: Control de calidad de
    documentos: autor, revista, Tip o de documento,
    volumen, número, fecha, páginas y generación de
    bibliografía automática. ........................................................................... 85

CAPÍTULO 2: REVISIÓN DE LITERATURA Y MARCO TEÓRICO PARA
INVESTIGACIONES CUANTITATIVAS.................................................................. 87

2.1 Introducción ............................................................................................. 87

    Ejemplo 17: Introducción y estructura del segundo capítulo de la
    investigación............................................................................................ 88

2.2 Segunda sección del capítulo 2................................................................ 89

    Ejemplo 18: Antecedentes del problema de investigación...................... 91

3.3 Tercera sección del capítulo 2: Marco teórico ............................................. 97

2.3.1 Cuando en el marco teórico se propone y construye
un modelo propio .................................................................................................. 98

    Ejemplo 19: Marco teórico cuando se construye su
    propio modelo para la investigación ................................................................ 98

2.3.2 Cuando se usa uno o varios modelos sin modificación
teórica (adaptación/aplicación al lugar y espacio) .................................... 100

    Ejemplo 20: Marco teórico cuando se utilizan modelos
    de teóricos y sus respectivos instrumentos de medición ....................... 101

CAPÍTULO 2: REVISIÓN DE LITERATURA Y MARCO TEÓRICO PARA
INVESTIGACIONES CUALITATIVAS ................................................................... 103

2.1 (Q) Introducción .......................................................................................... 104

2.2 (Q) Siguientes secciones del capítulo 2 para trabajos cualitativos ......... 105

    Tabla 2: Comparación del planteamiento del problema
    de investigaciones y sus elementos para enfoques
    cuantitativos y cualitativos ............................................................................. 107

RECOMENDACIONES PREVIAS E IMPORTANTES ANTES DE ESCRIBIR
EL CAPÍTULO 3 ...................................................................................................... 108

    Tabla 3: Relación entre el enfoque, alcance o Tip o e hipótesis de
    investigación ...................................................................................................... 109

    Tabla 4: Diseños e investigación ................................................................... 110

    Tabla 5: Fuentes de datos, técnicas e instrumentos usados
    para obtener datos para la investigación ................................................... 110

A. ¿Cómo hacer tablas estilo APA (2019) en Excel? .................................... 111

    *Tip* de ayuda tecnológica 12: Proceso para hacer tablas
    estilo APA (2019) y pasarlas al documento en WORD ............................. 111

B. Tres tablas básicas que ayudarán mucho para la elaboración
del capítulo 3 ....................................................................................................... 116

    Tabla 6: Resumen de la metodología que se usará
    en la investigación ............................................................................................ 117

    Tabla 7: Planificación propuesta de las actividades para
    terminar la investigación en curso .............................................................. 118

    Tabla 8: Programación detallada de las actividades y su duración
    requerida para terminar la investigación propuesta ............................... 119

C. Distinción básica entre variables, dimensiones, indicadores e
índice para la elaboración del capítulo 3: Operacionalización ................. 119

    Tabla 9: Diferencias conceptuales entre variables, dimensión, indicadores
    e índice, y ejemplos de cada uno ................................................................. 121

CAPÍTULO 3: METODOLOGÍA PARA TRABAJOS CUANTITATIVOS ..........................122

  3.1 Introducción del capítulo 3...........................................................122

    Ejemplo 21: Introducción y estructura del tercer capítulo de la investigación ...........................................................................................123

  3.2 Diseño de la investigación ...........................................................124

    Ejemplo 22: Diseño de la investigación, enfoque, alcance e instrumento de recolección de datos que usa cuestionarios (data primaria)...........................................................................................126

    Ejemplo 23: Enfoque, alcance, instrumento y método de análisis para la recolección de datos secundarios ...................................128

  3.3 Unidad de análisis (población) y muestra ...............................130

    Ejemplo 24: Unidad de análisis y población que se trabaja (cuando se recoge data de encuestas)...................................................131

  3.5 Hipótesis de trabajo (si aplica) ...................................................132

    Ejemplo 25: hipótesis de la investigación ...................................133

  3.6 Procesos de cumplimiento (si aplica)........................................134

    Ejemplo 26: Procesos de cumplimiento.......................................138

  3.7 Tablas de resumen del capítulo .................................................139

    Ejemplo 27: Procesos de cumplimiento........................................140

    Ejemplo 28: Cronograma de tareas ...............................................141

    Ejemplo 29: Programación de la investigación .........................142

CAPÍTULO 3: METODOLOGÍA PARA TRABAJOS CUALITATIVOS .......................143

  3.1 (Q) Recomendaciones previas para escribir el Capítulo 3 para investigaciones cualitativas ...........................................................143

  3.1 (Q) Introducción ..............................................................................146

  3.2 (Q) Siguientes secciones del capítulo 3 para trabajos cualitativos..............................................................................146

    Tabla 10: Comparación de la metodología para investigaciones cuantitativas y cualitativas .............................147

Referencias bibliográficas ...............................................................148

  BIBLIOGRAFÍA..............................................................................149

SOBRE EL AUTOR ..............................................................................154

# PREFACIO 1

La creación de conocimiento es un proceso que generalmente requiere mucha investigación, elaboración y rigurosidad. Cada uno de estos aspectos requiere dedicación, tiempo y esfuerzo. Sólo cuando se logra un buen diseño de investigación, los resultados contribuyen al avance de los distintos campos del saber. A parte del desarrollo de la idea, la creación de una buena propuesta de investigación puede resultar en un proceso difícil para muchos. El mayor reto en esta etapa es cómo convencer a otros de que nuestra idea tiene una finalidad clara que de alguna forma atiende un problema o necesidad en un campo del saber o disciplina.

En la guía práctica titulada ¿Y Ahora? ... ¿Cómo Escribo Mi Propuesta de investigación?, el Dr. Segundo Castro-Gonzáles despliega de forma clara y sencilla los pasos a seguir para que las propuestas de investigación respondan de forma directa al "qué...", "por qué...", "cómo...", "quién...", "cuando..." y "dónde...". Con su vasta experiencia profesional, docente y de investigación logra llevar al lector a entender aquellos pasos, detalles, particularidades, estrategias y prácticas que son necesarias para la viabilidad y construcción de investigaciones cuantitativas o cualitativas de primer orden, dando especial énfasis en el uso efectivo de las tecnologías de información.

**Arleen Hernández Díaz, Ph.D.**
Catedrática
Universidad de Puerto Rico
Recinto de Río Piedras
Puerto Rico - USA

# PREFACIO 2

Toda investigación transforma la información en conocimiento. Un mejor conocimiento es esencial para mejorar la toma de decisiones. Sin embargo, realizar investigaciones, ya sea académicas como prácticas, requiere una rigurosidad a través de todos los procesos con el fin de bajar los posibles riesgos y sesgos. Para ello, el investigador debe abordar desde el inicio todas las etapas de investigación; desde que conceptualiza la idea hasta que presenta sus resultados. Esto implica tener una estructura clara de cómo abordar cada parte del proceso de investigación.

¿Y ahora...cómo escribo mi propuesta de investigación?, es un libro con un propósito definido: ofrecer una guía para estructurar adecuadamente una investigación académica. Si bien los estudiantes pueden tener acceso a libros relacionados a metodología de investigación, estadísticas y manuales de estilos, hay muy poco material didáctico que ayude a estructurar un trabajo científico. Es aquí donde el Dr. Segundo Castro aborda el problema: ¿Cómo un estudiante debe presentar un proyecto de investigación? La estructura desarrollada por este libro proporciona un punto de partida para comprender a lo que debe aspirar un investigador, y también proporciona algunas bases para integrar los avances tecnológicos en la gestión del escrito.

A través de ilustraciones, un lenguaje sencillo y una visión actualizada del proceso de investigación, el Dr. Castro toma de la mano al lector y lo lleva a desarrollar la estructura de su proyecto. La experiencia del autor como director de proyectos de investigación y como un académico prolífico, hace que presente los puntos más relevantes, ya sea en la estructura del trabajo como en la ayuda tecnológica necesaria para manejar el escrito.

Otra ventaja de este libro es que está diseñado con un objetivo didáctico claro, por lo que se puede usar en diferentes niveles y programas académicos como también en cursos de metodología y seminarios de investigación. Las aplicaciones y ejemplos gráficos lo hacen una herramienta útil para cualquier ciencia social. Además, tiene la capacidad de presentar acertadamente estructuras metodológicas para enfoques cuantitativos y el cualitativos. En cada capítulo, el lector puede encontrar una introducción al tema, ejemplos, tablas, y bibliografía sugerida. Todo esto lo acompaña diagramas que ayuda a facilitar la comprensión de conceptos y que son útiles cuando el lector necesita tener una referencia rápida.

Para los profesores que dirigen proyectos de investigación, este libro es de apoyo para su docencia, pues sirve como una guía completa para que los estudiantes puedan leer antes de comenzar un proyecto, ahorrando tiempo y esfuerzo. Esto conlleva a que su mayor esfuerzo se concentre en asuntos metodológicos, validez de los resultados y la aportación final de la investigación.

La dedicación y el compromiso del Dr. Castro hacia la investigación académica, no tan solo en sus propios escritos, sino también con sus pares y estudiantes, se ve reflejada en cada capítulo. Tuve el honor de ser coautor de algunas de sus investigaciones y doy fe de su interés de mejorar cada día más la rigurosidad metodológica de la investigación científica.

Estoy seguro de que esta edición será muy bien recibida por lectores, por lo que tendremos otras obras didácticas del Dr. Segundo Castro en el futuro.

**Juan Carlos Sosa Varela, Ph.D.**
Decano de la Escuela de Negocios y Empresarismo
Universidad Ana G. Méndez
Puerto Rico – USA

# PRÓLOGO

La investigación académica es una importante ruta hacia el desarrollo económico y social de nuestros países. En las últimas décadas hemos experimentado grandes avances tecnológicos, pero también un sinnúmero de externalidades negativas que han culminado en retos ambientales, de pobreza, marginación y falta de equidad. Las universidades son ese espacio que la sociedad ha creado para que salgamos de la inmediatez y reflexionemos sobre nuestro entorno. Es el espacio desde el cual podemos producir nuevo conocimiento, soluciones y una hoja de ruta para un futuro sostenible. Y dentro de ese espacio de cuestionamiento crítico, la investigación es una destreza fundamental para cualquier ciudadano y profesional.

Pensar en la investigación es fácil desde una dinámica cotidiana. Sin embargo, la universidad nos permite darle estructura a ese ejercicio, precisamente por la rigurosidad que requiere y las implicaciones sociales de nuestras propuestas. No se trata de un capricho de profesores-investigadores o de las instituciones, es un requisito necesario para que el estudiante entienda cada etapa del proceso, logre la reflexión necesaria y pueda hacer una aportación importante para y desde su disciplina.

El colega Segundo Castro Gonzáles nos presenta un libro que he querido tener en mis manos en muchas instancias de vida. Lo quise tener en mis años de maestría cuando tenía muy claras mis ideas de investigación, pero como dice el refrán: *"Del dicho al hecho hay un largo trecho"*. Lograr una propuesta de investigación clara y completa es el requisito principal para poder llevarla a cabo. Durante esos años, me costó mucho entender la pertinencia de esa estructura, las reglas y las formas productivas para lograrlo. Aun cuando superé esa primera prueba a nivel de maestría, luego la seguí enfrentando en mi disertación doctoral y en múltiples les propuestas de investigación que he tenido que redactar a lo largo de los años. En todas ellas el reto más grande no estaba en las ideas, el marco teórico ni las metodologías, sino en lograr un documento que cumpliera con todos los requisitos y expectativas de los evaluadores o lectores. Lamentablemente, en muchas ocasiones aquí están las principales barreras para lograr una propuesta de investigación completa y, lamentablemente, un gran motivo de frustración para estudiantes e investigadores.

No es casualidad que sea Segundo Castro el responsable de poner un trabajo como este en nuestras manos. Hablamos de un profesional académico que conoce perfectamente el balance entre el arte y la ciencia de la investigación. Su formación en ingeniería siempre está presente en su nivel de estructura y organización, sin dejar atrás la creatividad que le ha permitido explorar nuevas metodologías en la docencia, la investigación, el apoyo a emprendedores y finalmente, en este libro. Esta combinación de experiencias y saberes estarán presentes en cada una de sus páginas.

El libro tiene varios elementos que disfruté mucho y es importante destacar. Primero, es un trabajo que va literalmente desde la portada hasta las referencias bibliográficas. El autor no minimiza la importancia de ninguno de los componentes de una propuesta de investigación y le dedica la misma profundidad a cada una de ellas. El lector tiene ante sí un documento que mantiene el mismo orden que el trabajo que le corresponde lograr. Adicional a esto, el texto entrelaza de manera óptima explicaciones, recomendaciones, ejemplos, consejos e imágenes que acompañarán al lector a encontrar las funciones en la computadora que facilitan el formato del documento.

En términos generales, la lectura del libro se siente como tener varias voces acompañándote en el proceso. Por un lado, tenemos al profesor del curso de Metodologías de Investigación, quien cuenta con pleno dominio teórico del tema y la justificación detrás de cada elemento clave de la propuesta. También escuchamos la voz de nuestro mentor, quien nos habla desde una cercanía mayor al conocer nuestro tema y disciplina. Además, tenemos esa voz de un amigo o compañero de clases que probablemente ya pasó por la experiencia, nos lleva directo al punto y nos da consejos directos para que no cometamos sus mismos errores. Finalmente, tenemos esa voz de algún tutorial que encontramos en internet y que nos aclara puntualmente un proceso en *Word, Excel, Google o Mendeley*, lo cual nos ahorra horas de intentos fallidos.

Debemos agradecer al Dr. Segundo Castro por las largas horas que dedicó para lograr un trabajo como este. Sabemos que todo su esfuerzo se multiplicará en las horas que ahorrará a miles de estudiantes y profesores en proyectos de investigación. Además del tiempo, hablamos de reducir sentimientos de frustración, *stress,* estancamiento y ansiedad. Este libro debe estar cerca de todos los aspiran a completar estudios graduados, investigadores, profesores y profesionales en campos donde la redacción de propuestas es un ejercicio clave. Tengo la total certeza de que este libro se convertirá en un héroe anónimo de múltiples logros que incluirán graduaciones, publicaciones académicas, fondos para universidades e infinidad de proyectos que contribuyan al desarrollo económico y social de nuestros países.

**Javier Hernández Acosta, Ph.D.**
Director del Departamento de Administración de Empresas
Universidad del Sagrado Corazón – Santurce
Puerto Rico – USA

# INTRODUCCIÓN

Esta primera entrega está inspirada en mis propias experiencias de haber enseñado por más de 10 años consecutivos el curso de Metodología de Investigación a nivel graduado (postgrado en Latinoamérica -LA-), en más de cinco universidades en Puerto Rico, Ecuador y Perú. Una constante se repetía en todos estos escenarios: los estudiantes en su gran mayoría después de sus respectivas clases teóricas de metodología de investigación, se encuentran con un mar de dudas y hasta temor de cómo empezar y qué pasos deben seguir para iniciar a escribir sus primeros capítulos de la propuesta de investigación Y, evidentemente, poder culminarlo. Considero que las razones son múltiples (como todo fenómeno problemático, responden a múltiples variables), pero una de ellas está en mi mente como la de mayor peso al momento de escribir esta guía: *que los textos de metodología de investigación actuales, por la naturaleza y complejidad de la materia, no son efectivos y no se dirigen a las técnicas de escritura.*

Estamos viviendo una vida acelerada en la que el principal factor es la falta de tiempo y nuestros estudiantes de maestría y bachillerato que se encuentran en este proceso, están inmersos en esa vorágine del tiempo carente; porque la gran mayoría trabajan, estudian y atienden a su familia. En estos estudiantes está inspirado esta primera entrega de este libro. Espero que sea de ayuda a sus objetivos, porque indudablemente se puede ser efectivo y eficaz sin descuidar la calidad de la investigación científica y la fortaleza académica.

Este libro tiene cuatro propuestas de valor: la primera son 30 ejemplos que se presentan además de las guías que por cada capítulo se discuten. En cada uno de las secciones o subtítulos recomendados en la propuesta se presentan ejemplos diferentes para cada subtítulo de cómo debería escribirse la propuesta; la segunda es que se le orienta al lector cuando escribe su propuesta, el uso efectivo de las herramientas que tanto Word como Excel brindan para hacer índices automáticos, numeraciones divididas y tablas al estilo de la *American Psychological Association*- APA (2019) - en detalle y paso a paso.

En la tercera propuesta de valor, se recomienda a los estudiantes cómo deben hacerse las búsquedas de bibliografía usando *Scholar Google*, que es más accesible y, por último, se propone una eficaz técnica de gerenciar los documentos en *pdf* que se seleccionaron para toda la propuesta de investigación, y lo más relevante es que se les guía de cómo citar mientras se está escribiendo la propuesta en Word y cómo hacer referencias bibliográficas automáticamente usando **Mendeley®**. Todas estas herramientas tecnológicas recomendadas las llamamos *tips de ayudas tecnológicas o tips de ayudas prácticas,* según sea el caso.

Espero que este material desarrollado con mucho entusiasmo y pasión por este servidor cumpla con su cometido y para mí es un placer trabajarlo desde este enfoque sencillo y conciso, como se dice en Puerto Rico: *en arroz y habichuelas*, es decir, *claro, sencillo y directo*, o *en blanco y negro*, como se estila en otros países latinoamericanos.

**Segundo Castro-Gonzáles, Ph.D.**

Universidad de Puerto Rico – Recinto Rio Piedras
Escuela Graduada de Administración de Empresas &
Departamento de Gerencia. Puerto Rico - USA

*La escritura no viene en bloque o de un solo golpe, sino que necesita de un aprendizaje progresivo, una práctica que la constituya y que la fortifique en la medida en que se practique.*

Bernard Dobiecki,
**"Rédiger son mémoire en travail social"**

*Para escribir en primer lugar, es necesaria la disciplina, el empeño, la regularidad y la continuidad en el esfuerzo.*

Miguel Gómez, Jean-Pierre Deslauriers & María Alzate,
**"Como hacer tesis de maestría y doctorado"**

*A la memoria de mi querido padre Ladislao Castro Carranza, luz que brilla en el firmamento azul y tirita eterno, como el viento andino de mis añoranzas.*

*A mi mamita Arancidia, por su fortaleza, empeño y vitalidad desbordante, y que a sus ochenta y siete no cesa en darme ánimo, empuje, bendiciones y mucho amor.*

*A mi amada esposa Cynthia, sencilla, dulce y amorosa, por su amor, apoyo y comprensión, por su vida y por su nobleza que adorna a su belleza.*

*A Mijita, María Cristina, mi inspiración, por sus sugerencias juveniles y opiniones sobre este libro, enfocadas para lograr efectividad académica en las nuevas generaciones.*

# AGRADECIMIENTOS

Un libro es una tarea titánica, ya que requiere mucha dedicación y el concurso activo de muchas personas y colegas que han aportado de su conocimiento y, sobre todo, de su valioso tiempo, para que esta primera entrega sea la más correcta posible; por esta razón, quiero agradecer a las siguientes personas:

Un especial agradecimiento al exdecano de Ciencias Sociales, doctor Luis Mayo, de la Universidad Ana G. Méndez, recinto de Carolina, por su aporte en la primera edición de este libro. A la Dra. Zoraida Fajardo por su segunda edición. Sus experiencias en esta disciplina de la investigación y su dominio del español le han dado un valor agregado para que los estudiantes lo puedan aprovechar mejor.

Un agradecimiento también muy sincero al decano de la Facultad de Administración de Empresas de la Universidad Sàgrado Corazón de Puerto Rico, el Dr. Javier Hernández, autor de múltiples investigaciones y del libro Emprendimiento creativo, recientemente reconocido como un pilar del empresarismo en Puerto Rico; valioso amigo y colega que coincidimos en muchos afanes por hacer las cosas diferentes y mejores.

Así mismo mi agradecimiento especial, a la Dra. Arleen Hernández Díaz, por el prefacio de esta entrega académica, destacada académica de muchas generaciones puertorriqueñas y ex Vice Rectora de Asuntos estudiantiles y catedrática de la Universidad de Puerto Rico, Recinto de Rio Piedras.

Un agradecimiento también a mi colega y amiga Carmen Olmo, profesora de diseño gráfico y autora también de varios libros relacionados con la felicidad, y creadora de Happinex, un movimiento internacional que persigue la felicidad y la autorrealización de las personas, por sus valiosos aportes con su arte para el diseño y diagramación artística de este libro.

Mi agradecimiento también a mis alumnos Julio Medina, Elimari Ríos y Melvin Rivera, por el permiso que me han otorgado para usar como ejemplos ciertos temas cubiertos en sus trabajos de investigación, desarrollados para obtener su correspondiente MBA.

Por último, deseo agradecer al decano de la Escuela de Negocios y Emprendimiento de la universidad Ana G. Méndez, recinto de Gurabo, el Dr. Juan Carlos Sosa, mi profesor y coautor en investigaciones; quien me escribió el prefacio y me incentiva con su ejemplo para seguir en este esfuerzo académico de publicaciones, a fin de mejorar en este noble ejercicio pedagógico e investigativo.

# PORTADA Y HOJAS PREVIAS AL PRIMER CAPÍTULO DE LA PROPUESTA DE INVESTIGACIÓN

1. Toda propuesta de investigación tiene unas páginas previas al inicio de los tres importantes capítulos que la conforman, por lo que se recomienda que tenga una portada sobria, adecuada al nivel de estudios del estudiante y al estilo que sugiere su propia universidad; y sin mucho colorido, porque es un documento académico el que se está persiguiendo completar.

2. Por lo general, cada universidad tiene un manual de redacción, pero si no lo tuviera -que con frecuencia sucede-, se les recomienda un ejemplo correspondiente a la Universidad Ana G. Méndez, recinto de Carolina, Puerto Rico, la misma que aparece más abajo.

3. Luego se deben considerar unas páginas básicas previas al inicio del primer capítulo del trabajo, por lo que se recomienda que preparé seguidamente una página de **dedicatoria**. La misma puede dirigirla a la(s) persona(s) o institución(es) que le plazca. Se presenta también un ejemplo probable de cómo debe ir esta parte.

4. En la tercera página debe considerar incluir una opcional que corresponda a los **reconocimientos.** La razón por la que considero que esta página debe ir, es porque   los seres humanos debemos ser agradecidos, con quienes nos han dado la facilidad y bendición de la vida y el aprendizaje.

5. Las siguientes páginas previas al primer capítulo deben ser las siguientes: **índice de tablas**, las cuales se deben

escribir en formato APA (2019), y otra página con el **índice de las gráficas**.

6.  Tanto las tablas como las gráficas, lo que recomienda APA (2019) es que el texto de las tablas debe ser de tamaño del letra 10, el título de esta debe ir en **negrita** y todas las letras interiores van también en tamaño 10. Tanto las tablas como las gráficas deben presentar necesariamente su fuente de información en la parte inferior de estas en tamaño 10. Si es que el estudiante ha adaptado o recompuesto una tabla, debería ir la siguiente anotación debajo de la tabla:

    • Elaboración propia
    • Fuente: Castro-Gonzáles (2019a) [corresponde a la fuente].

7.  Todas estas páginas previas al primer capítulo deben ir numeradas con números romanos en letras minúsculas y en la primera página que corresponde a la portada (carátula en LA) *NO* debe incluirse el número de la página. A partir del primer capítulo, las numeraciones de las páginas siguientes deben ser con números arábicos. *Aquí hay otro problema* La pregunta que se repite por parte de los estudiantes es *¿cómo lo hago, profesor?* Para cubrir este aspecto, se les recomienda el *Tip* **1 de ayuda tecnológica** que adjunto en la siguiente página. Es preciso mencionar, que este proceso no solo es la única alternativa – hay varias alternativas según el conocimiento del usuario-, sin embargo, la que se presenta es una alternativa comprobada por el autor de este libro que funciona efectivamente.

**Tip de ayuda tecnológica 1: Proceso para hacer su numeración divida en dos secciones (números romanos y arábicos)**

## PROCESO PARA HACER SU NUMERACION DIVIDIDA EN DOS SECCIONES DIFERENTES

**Nota previa:** Hay varios procesos para este fin, sin embargo, la recomendación que se da en este libro es la que ha sido usada con efectividad por el autor.

Se debe, en primer lugar, tener listo antes de la numeración todas las páginas previas al primer capítulo y, además, un mínimo de tres páginas del primer capítulo para hacer la división. Entonces se procede con la siguiente rutina:

Se va con el cursor en la página de la portada y luego en la parte superior se activa la sección de header *notes* con un doble *click* en la parte superior de su portada, y aparece inmediatamente *design*. Luego nos vamos a la parte izquierda del menú de Word y se selecciona *page number*, y allí se selecciona el estilo de numeración (gráfica # 1).  Luego, para cambiar el estilo de numeración, se va a *page number > format page numbers* y OK; entonces sale una ventana (gráfica # 2) y cambia al tipo o de numeración seleccionada. Ahora, para que no aparezca el número romano en la portada, debe ir a *design > different first page* sombreando previamente el primer número superior que apareció en la portada. Luego se apreciará que en todo el documento aparecen las numeraciones hasta la última hoja, incluso en el primer capítulo y no en la primera página (gráfica # 3).

Después vaya a la parte que es donde se necesita cambiar para que inicie una numeración diferente a las hojas previas; por lo tanto para este proceso se requiere la siguiente rutina: se ubica en la página del título **Capítulo 1: Introducción** (generalmente es entre las página 6 a 8, dependiendo de las páginas previas que ha considerado), entonces se sombrea el número romano que aparece en el *header*"y se debe asegurar sombrear solamente ese número. Este proceso debe hacerse lo más cuidadosamente posible para sombrear solo ese número. En la parte superior, en la zona donde se ubica *page setup*, entonces se marca una flecha pequeña oblicua que aparece dentro de una cajita en el extremo izquierdo inferior y allí dé *click*(ver gráfica 4), emerge una ventana en el símbolo inferior y se va al menú de *apply to,* y en la cajita inferior seleccionar *this point forward* > luego *design*, OK.

Finalmente, para iniciar con numeración arábica y que inicie en el 1 se hace el siguiente proceso: *design*, luego nos vamos a la parte izquierda del menú de Word y se selecciona *page number*, y para cambiar el estilo de numeración se va a *page number* > *format page numbers* y se selecciona la numeración deseada, que son números arábicos, y finalmente OK (ver gráfica # 6). Finalmente seleccionamos que inicie en 1 para tener la numeración dividida en dos partes y con números diferentes, tal como se sugiere en este manual.

**Gráfica 1**
**Numeración del documento**

**Gráfica 2**
**Selección del *Tip* o de números**

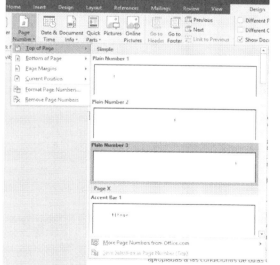

**Gráfica 3**
**Para que no aparezca en portada**

**Gráfica 4**
**Abrir *page set up***

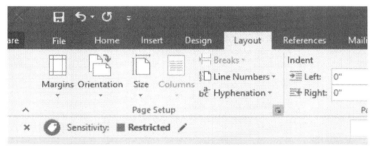

**Gráfica 5**
**Punto de donde cambia el estilo de la numeración**

**Gráfica 6**
**Cambio de estilo numeración**

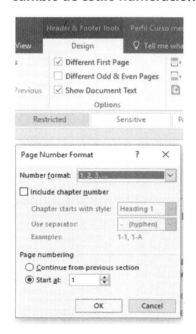

A continuación, se presentan ejemplos y descripción de todas las páginas que deberían ir antes del primer capítulo. Es importante tener en cuenta que para todo el documento de la propuesta de investigación el espacio entre líneas debería ser de doble espacio, salvo que la universidad disponga una separación de espacio en específico.

## DISEÑO DE LA PORTADA

- La portada de un trabajo de investigación debe contener, en primer lugar, la identificación de su institución superior educativa, luego el título de la investigación (el cual debe recoger la esencia del trabajo) escrito con un enfoque abarcador que logre generar interés en el lector. Seguidamente debe tener el (los) nombre(es) del(los) autor (es), la fecha y el lugar en donde se presenta la propuesta de investigación. Se debe tener en cuenta que, si su institución permite un logo, este debería contemplarlo en esta portada; pero por lo general se usa el nombre de la universidad donde se realiza el trabajo. A continuación, se presenta un ejemplo de la portada de la propuesta de investigación y los tipos de letras que deben ir:

## Ejemplo 1: Portada de la propuesta de investigación

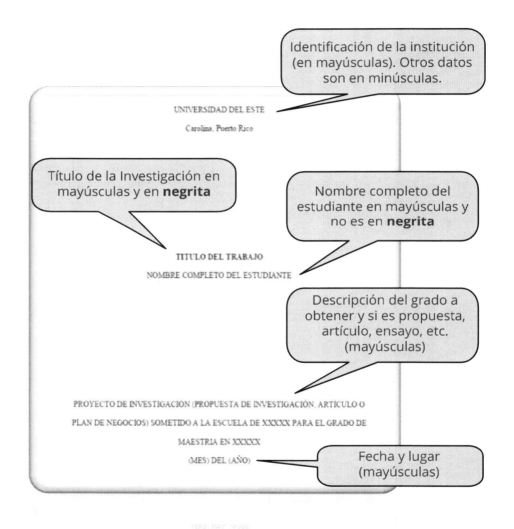

(UAGM, Carolina, 2019)

# RESUMEN

1. Esta página se debe escribir partiendo de la premisa de que es un resumen ejecutivo de la investigación, el cual no debe tener ni menos de 150 palabras ni más de 250 palabras (en este punto algunas instituciones aceptan 300 palabras). El ejemplo 2 presenta cómo deben ir las titulaciones correspondientes a esta parte.

2. En la propuesta de investigación el resumen solo debería tener en cuenta los tres capítulos que corresponden a tal fin: 1) Introducción, 2) Revisión de literatura y marco teórico y 3) Metodología; sin embargo, cuando se termina la tesis, tesina o el proyecto de investigación, el trabajo debería contener las palabras máximas sugeridas y todos los componentes de investigación que faltarían luego de los tres previos que son: 4) Resultados y análisis de los resultados y 5) Conclusión de la investigación.

**Ejemplo 2: Resumen del trabajo de investigación**

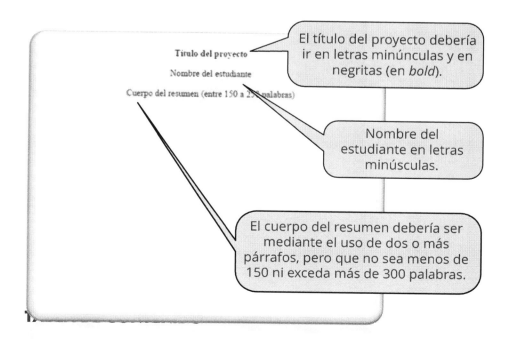

Se recomienda que se use para esta tabla el *Tip* **de apoyo tecnológico 1**, para que el contenido se actualice automáticamente a medida que se va avanzando en la escritura y en la diagramación de tablas y gráficas. Se presenta a continuación según el estilo APA (2019), la forma en que deben ir tanto el contenido como las tablas y gráficas que se usen en el documento, en forma separada y cada una en una página distinta (ver **ejemplo 3**).

**Ejemplo 3: Resumen del trabajo de investigación**

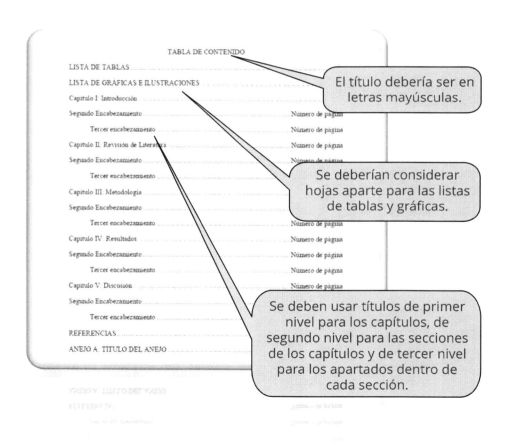

*(UAGM, Carolina, 2019)*

## LISTA DE TABLAS Y GRÁFICAS

El **ejemplo 4** que a continuación se presenta recoge estas recomendaciones anteriores. Es preciso indicar que en algunas organizaciones se acepta otro índice adicional que cubriría solo las tablas y gráficas como segundo índice. Word también ayuda en este esfuerzo de cómo hacer dos índices diferentes.

**Ejemplo 4: Lista de tablas y gráficas**

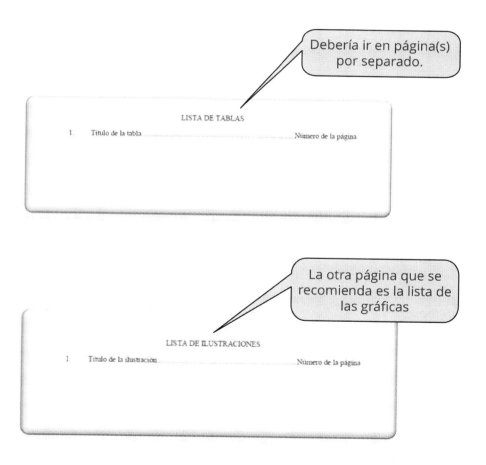

## TÍTULOS Y SUBTÍTULOS DE DIFERENTES NIVELES Y SUS CARACTERÍSTICAS

- Según las referencias consultadas, la gran mayoría concluye que los títulos y subtítulos orientan a los lectores sobre el orden de las ideas dentro de un artículo (APA,2009). Por lo expuesto, depende entonces del escritor para que les dé la relevancia necesaria a sus títulos de acuerdo con la importancia de cada uno de ellos. Sin embargo, el uso de los diferentes niveles de títulos y subtítulos permite al lector darle más claridad, entendimiento y precisión cuando lee o revisa un documento. Muchas instituciones de Puerto Rico y de Latinoamérica utilizan desde 3 a 5 niveles de subtítulos según la especificación que se sugiere seguidamente (UIA, 2016).

**Ejemplo 5: Niveles de los diferentes títulos y subtítulos del trabajo**

| Nivel | Formato |
|-------|---------|
| 1 | Encabezado Centrado en Negrita con Mayúsculas y Minúsculas |
| 2 | Encabezado alineado a la izquierda en negrita |
| 3 | Encabezado de párrafo con sangría, negritas, minúsculas y punto final. |
| 4 | *Encabezado de párrafo con sangría, negritas, cursivas, minúsculas y punto final.* |
| 5 | *Encabezado de párrafo con sangría, cursiva, minúsculas y punto final.* |

# DEDICATORIA (OPCIONAL)

- Como se indica en el título de este apartado entre paréntesis, esta página previa es opcional, pero hasta donde el autor ha podido comprobar, ninguna institución prohíbe esta dedicatoria y en forma opcional el autor de la propuesta de investigación debería mencionar en esta parte a la(s) persona(s) o institución(es) que desea dedicarle(s) su trabajo. A continuación, se presenta una sugerencia de cómo debería ir esta página.

**Ejemplo 6: Ejemplo de la dedicatoria (opcional)**

**Dedicatoria**

(OPCIONAL)

Dedico este trabajo a mis padres, XXXXXXXXXXXXX, quienes utilizó Dios para darme la vida. Quienes me ayudaron y apoyaron durante todos mis estudios universitarios, en especial durante mis años de maestría.

Dios los bendiga siempre.

*(Castro-Gonzáles, 2019a)*

## RECONOCIMIENTO (OPCIONAL)

Esta página también se considera opcional; sin embargo, si el estudiante lo desea así, es una buena práctica y de buena vibra que la persona sea agradecida a las personas, maestros o familiares que en algún momento de la vida han tenido un rol relevante sobre el estudiante y que amerita su reconocimiento. A continuación, se presenta una sugerencia de cómo debería ir esta página.

**Ejemplo 7: Ejemplo de reconocimiento (opcional)**

**Reconocimientos**

(OPCIONAL)

Quiero agradecer primeramente a mi padre Dios. Él es quien me dio la vida etc...........

Agradezco a padres de quienes aprendí todos los valores que poseo. Quienes me brindaron un apoyo constante en mis estudios en todos estos años y celebraron todos mis triunfos. Etc...

Doy las gracias a mi profesor XXXXXX, por su incondicional ayuda durante el desarrollo de este proceso de investigación y toda la dirección durante mi trabajo de tesis. Agradezco sus palabras de fortaleza y apoyo durante los momentos de dificultad "Nunca pongas en dudas tus capacidades". Etc

Finalmente, y no menos importante, agradezco a mis compañeras de estudio, por su apoyo y

*(Castro-Gonzáles, 2019a)*

## Elaboración de índices automáticos usando Word

- Otro de los inconvenientes que se presentan también en los estudiantes es que el índice lo elaboran manualmente y cuando se adicionan nuevas páginas o nuevos títulos a medida que avanzan, les causa muchos problemas estar ajustando, revisando, actualizando y corrigiendo los números de páginas; trabajo muy desgastador y que consume muchísimo tiempo en el proceso de escribir correctamente su trabajo.

- Por tal razón propongo que la **tabla de índices** deba ser elaborada usando la ayuda que brinda Word, de tal manera que este proceso sea automático y que a medida que se van adicionando páginas y títulos solamente debería ser un tema de actualización del índice automáticamente, por lo que para hacer este procedimiento se presenta a continuación el siguiente *Tip* **de ayuda tecnológica 2.**

**Tip de ayuda tecnológica 2: Proceso para hacer su índice automáticamente y actualizar periódicamente**

### PROCESO PARA HACER SU ÍNDICE AUTOMÁTICAMENTE Y ACTUALIZAR PERIÓDICAMENTE

Los títulos, subtítulos, así como las tablas y gráficas que tendrá su trabajo de investigación se irán actualizando periódicamente hasta finalizar su trabajo de investigación, por lo que se recomienda que use la herramienta de *tabla de contenidos* que ofrece Word y procedacomo explicamos a continuación.:

Para cada título o subtítulo debe usar la herramienta de *heading* que ofrece Word, por lo que se recomienda que el título de cada capítulo tenga el *heading 1*, el subtítulo de segundo orden, el *heading 2*, y el de tercer orden, el de *heading 3*, y las gráficas y tablas, el *heading 4*. Usted debe ajustar cada uno de ellos de acuerdo con los requerimientos de su estilo de publicación seleccionado.

Luego debe ir a la rutina siguiente: se coloca en la página donde quiere que aparezca su índice y se va a *references* > *table of contents* > [le sale allí un menú y selecciona el *Tip* o de su preferencia] y finalmente hace manualmente el *set up* con el estilo de su trabajo de investigación.

A medida que su trabajo aumente en páginas y títulos, usted debe ir haciendo por cada título o subtítulo la siguiente rutina una vez que haya hecho el primer *set* en cada uno de los títulos: sombree al título o subtítulo de interés, vaya a *format painter* y luego haga un *click* en el título o subtítulo nuevo de su interés, y el ajuste que requerirá se copia con todas sus características automáticamente.

Para actualizar su índice lo único que debe hacer es irse a latabla, hacer un *click* derecho y marcará *update entire table* para tener su actualización al día.

A continuación, en las **gráficas del 7 al 14** que se presentan seguidamente, se muestran los procesos descritos en detalle en este *Tip*  de ayuda tecnológica.

**Gráfica 7**
**Heading 1 para títulos de primer nivel (hojas previas)**

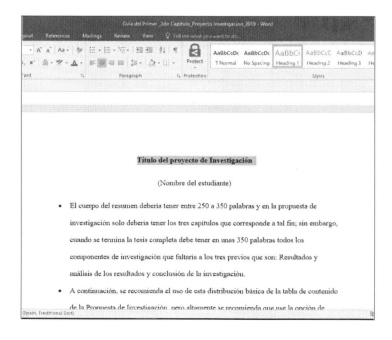

**Gráfica 8**
**Heading 1 para títulos de primer nivel (capítulos)**

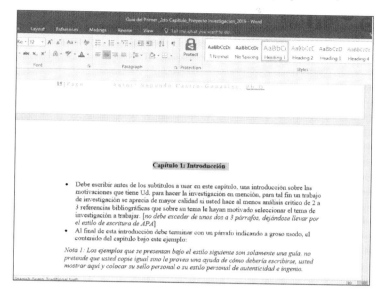

**Gráfica 9**
**Heading 2 para títulos de segundo nivel (secciones)**

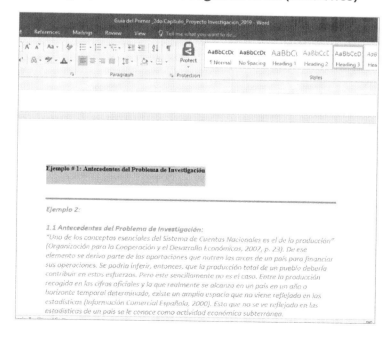

**Gráfica 10**
**Heading 2 para títulos de tercer nivel**

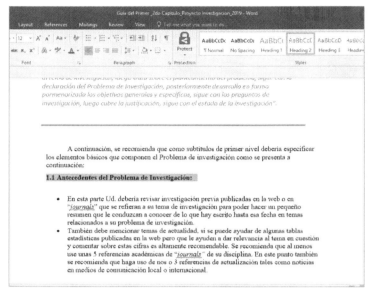

**Gráfica 11**
**Heading 4 para títulos de cuarto nivel (opcional)**

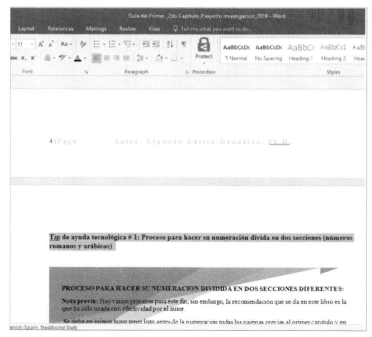

**Gráfica 12**
**Rutina para insertar índice: reference > table of contents**

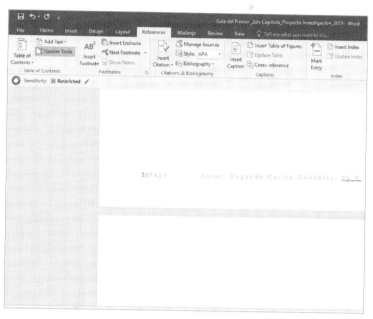

**Gráfica 13**
**Selección del *Tip* o de tabla a insertar automáticamente**

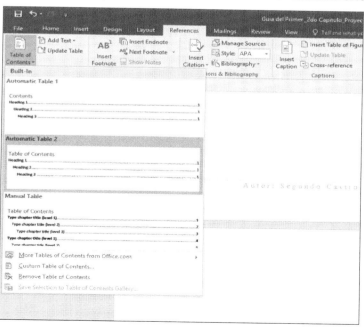

**Gráfica 14**
**Resultado de la tabla de contenido requerido**

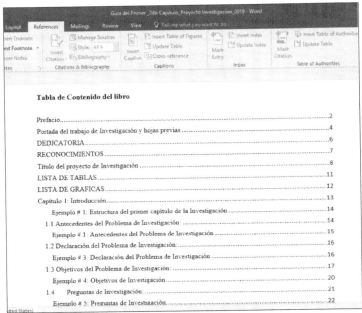

- Después de estas páginas previas que se han presentado en detalle, recién se inician a escribir los diferentes capítulos, los cuales se van desarrollando pormenorizadamente, desde el primer capítulo que se presenta a continuación.

## Utilidad y uso de los conectores en el texto

1. **Los conectores** son muy usados para hacer un buen desarrollo de las ideas; cabe mencionar que en todo el documento debería familiarizarse con estos conectores que son muy útiles para diferentes momentos.

2. Generalmente se tiene en mente que **los conectores** se usan para mantener el hilo conductor de un relato o escrito, por lo que estos conectores se conocen como

relacionantes (relacionan un segmento del texto con otro); sin embargo, se debe tener en cuenta que los conectores se usan en múltiples les circunstancias cuando se está escribiendo. Sirven para parafrasear y esclarecer una idea, para indicar orden, para indicar una conclusión o consecuencia, para establecer comparaciones, para añadir ideas, para indicar relación temporal, para ejemplificar o negar una idea, entre los usos más frecuentes.

3. Los conectores son elementos muy importantes tanto para el lector como para el   investigador. Tal como lo sostiene Díaz (1987), los conectores orientan al lector en el descubrimiento de la coherencia que subyace en la estructura superficial del texto y, por su parte, el escritor tiene la facilidad de organizar retóricamente y en forma lógica la información de sus textos.

4. En el *Tip  de apoyo práctico 3.a.* se presentan algunos conectores más utilizados cuando se está escribiendo la propuesta de investigación y se recomienda usarlos con frecuencia porque dan solvencia, riqueza y exquisitez de expresión a su escrito.

## *Tip* de Apoyo práctico 3.a: Diferentes *Tip* os de conectores que se usan en el escrito (Vásquez, 2005 & Cassany, 1995)

| Conectores relacionantes o para mantener el hilo conductor | Conectores para parafrasear | Conectores para indicar orden |
|---|---|---|
| Resulta oportuno | Es decir | Primero, |
| El ejemplo anterior descrito | En otras palabras | Segundo, |
| Todo lo anterior | Brevemente, | Por otra parte |
| En ese mismo sentido | De hecho, | En primer (segundo, tercer…) |
| Después de lo anterior expuesto | Cabe decir que | luego |
| Sobre la base de las consideraciones anteriores | Lo que es lo mismo | Seguidamente |
| De acuerdo con los razonamientos que se han venido realizando | Lo que quiere decir (demostrar, explicar, …) que | Para empezar |
| Precisando de una vez | En efecto | Seguidamente |
| Es evidente entonces | **Conectores para indicar conclusión o consecuencia** | Finalmente |
| Después de las consideraciones anteriores | | Posteriormente |
| En este mismo orden y dirección | En consecuencia | **Conectores usados para establecer comparaciones** |
| Según se ha citado | Por lo tanto | |
| Con referencia a lo anterior | Como resultado de | De la misma manera |
| Por las consideraciones anteriores | Como consecuencia de esto | Igualmente |
| Se observa claramente | De acuerdo con | En (de) igual forma |
| Dadas las condiciones que anteceden | Atendiendo a | En las mismas circunstancias |
| En efecto | De todo esto se desprende que | Mejor (peor) que esta situación |
| Como ya se ha aclarado | En atención a | Mayor (menor) que |
| Como puede observarse | Por lo expresado | Comparativamente con |
| En este propósito | En tal sentido | De manera semejante |
| Ante la situación planteada | Como resultado de | **Conectores usados para presentar una idea que limita, opone o niega la anterior** |
| A los efectos de este | En síntesis | |
| Tal como se ha visto | Por esta razón | Sin embargo |
| Hechas las consideraciones anteriores | En suma | No obstante |
| En relación con este último | Por lo dicho | En otro orden de ideas |
| **Conectores usados para indicar relación temporal** | **Conectores usados para añadir ideas** | Por el contrario |
| | | Aun cuando |
| Posteriormente | Además | A pesar de |
| Entonces | Asimismo | No obstante |
| Después | También | Si bien es cierto que… |
| Al mismo tiempo | De nuevo | No es menos cierto |
| Antes | Por su parte | Empero |
| Ahora | Otra vez | En oposición a |
| Hoy día | Al mismo tiempo | Enfrentando a |
| Actualmente | Igualmente | Contrariamente a lo que se ha expresado |
| Ulteriormente | En igual forma | Aunque parezca |
| Mientras tanto | Por sobre todo | Aunque sea posible |
| Prospectivamente | Sobre la base de | Aunque parezca posible |
| Luego | En adelante | En cambio |
| En la posteridad | Como afirmaremos | Enfrentando |
| En la actualidad | Pues | |
| En estos (esos, aquellos) momentos | Ahora bien | |
| Pasado el | Es conveniente (preciso, necesario…) | |
| En otra época | Adicionalmente, de igual manera | |

## Continuación *Tip* de apoyo práctico 3.a: Diferentes *Tip* os de conectores que se usan en el escrito (Vásquez, 2005 & Cassany, 1995)

| Conectores usados para ejemplificar | Conectores usados para expresar opiniones enfáticas | Conectores usados para indicar relación causal |
|---|---|---|
| Para ilustrar esto | A mi juico | Por esta situación |
| Por ejemplo | Yo pienso | Por esto |
| Como puede apreciarse (verse, suponerse, inferirse, …) | Considero (creo, propongo) | Por esa causa (labor, razón…) |
| Como se puede entender | Afirmo | Puesto que |
| Como se puede ver (suponer, constatar, comprobar, …) | Niego | Dado que |
| Para ejemplificar tal… | Según mi opinión (óptica, manera de ver) | Visto que |
| Para demostrar el… | De acuerdo con mi punto de vista | Supuesto que |
| **Conectores usados para indicar relaciones especiales y modales** | Es conveniente | Ya que |
| Aquí | Es preciso | Por eso (esto, aquello) |
| En lugar de | Es necesario recalcar que | Posteriormente |
| Más adelante | Yo difiero de | **Conectores usados para indicar que se va a concluir** |
| A propósito de | Concuerdo con | |
| De tal modo | Sostengo que | Finalmente |
| De tal manera | **Conectores usados para enunciar tópicos** | Para concluir |
| De tal forma que | Con respecto a | Para terminar |
| De tal suerte que | En relación con | Para finalizar |
| Más abajo | En lo que se refiere a | A manera de colofón |
| En este (ese, aquel) lugar | En lo que respecta a | En conclusión |
| | En referencia a | Para dar por concluido |
| | | Para dar por terminado |
| | | En fin |
| | | En último lugar |

Elaboración propia

Fuente: Vásquez (2005) & Cassany (1995)

**Importancia del enfoque de la investigación y como éste define la escritura de los diferentes capítulos**

1.  Antes de empezar a escribir la propuesta de investigación es *necesario* establecer el tipo de enfoque que va a tener su trabajo y esta definición es importante que se dé en este primer capítulo. Porque dependiendo del tipo de enfoque de la investigación en curso, dependerá cómo se va a escribir cada uno de los capítulos de la propuesta. Por esta razón, para los tres capítulos subsiguientes, se establecerán dos partes claramente diferentes en su naturaleza de escritura: para trabajos cuantitativos y para investigaciones cualitativas.

2.  Cada capítulo se enfocará principalmente en investigaciones cuantitativas, pero al final de cada capítulo se cubrirán las diferencias y similitudes que tienen con las investigaciones cualitativas, las cuales tienen su fundamento en la teoría establecida en el curso teórico de Metodología de Investigación.

    Por lo expuesto, se presentará un resumen, a manera de repaso, sobre las características de los diferentes tipos de enfoques que tienen cada una de ellas.  Estos enfoques nos señalarán, sobre todo, dónde radican las diferencias, tales como: tipos de métodos de análisis, tipos de metodologías, técnicas que se requieren para la recolección de datos, técnicas para encontrar los resultados y hacer el correspondiente análisis para llegar a las conclusiones del trabajo de investigación.

    continuación se presentan los detalles de los enfoques, así como las diferencias marcadas de cada uno.:

**1. Enfoques de investigaciones cuantitativas**

*   Entre las **características** más marcadas se encuentran que estas miden fenómenos, para solucionar sus preguntas de

investigación utilizan análisis estadísticos de diferentes *Tip*os, emplean diferentes tipos de datos que provienen de la experimentación en la mayoría de los casos y, dependiendo del alcance de la investigación, mediante ellas se efectúan análisis correlacionales o de causa efecto.

- Estas investigaciones tienen **un proceso** de trabajo de naturaleza **secuencial**, el cual es: a) se establece el problema de investigación con la definición de sus elementos básicos que son: objetivos, preguntas, justificación, viabilidad  y estado de la situación del problema, b) se hace la revisión de literatura y se establece el marco teórico; que es(son) la(s) teoría(as) que guiará(n) el estudio; de esta teoría, de acuerdo con el  alcance, surgen las hipótesis del trabajo, c) se establece la metodología y las técnicas de análisis para probar la hipótesis, si es que aplica, d) se obtienen los datos y se hacen análisis estadísticos para obtener los resultados y el análisis de los resultados y, finalmente, e) se establecen las conclusiones más importantes, sus limitaciones y trabajos futuros.

- Por ende, estas investigaciones son deductivas de naturaleza probatoria y mediante ellas se analiza la realidad de forma realista (poco tiene que ver la subjetividad del investigador o sus creencias, prioriza la objetividad de sus resultados encontrados).

- Por último, estas investigaciones tienen ciertas **ventajas,** pues permiten que los resultados se puedan generalizar, los resultados son precisos, el investigador tiene injerencia sobre los fenómenos; estos trabajos se pueden replicar en otro escenario y, finalmente, se pueden hacer predicciones o inferencias (Hernández, Fernández & Baptista, 2016).

## 2. Enfoques de investigaciones cualitativas

- Entre las **características** más marcadas de estas investigaciones figuran el que se conducen básicamente en ambientes naturales, no miden fenómenos, sino que los trata de entender e interpretar; no se busca que se repliquen en otro escenario, sino que los resultados se extraen de los datos sin usar análisis estadísticos. Por lo tanto, no se fundamentan en el uso de técnicas estadísticas.

- Por otra parte, las investigaciones cualitativas tienen **un proceso** de naturaleza recurrente y no tienen un proceso secuencial, es decir, presentan una naturaleza radial en la cual la generación de hipótesis de trabajo se da durante el proceso de investigación y no se prueban, sino que se van refinando conforme se obtienen más datos y se revisa más bibliografía relacionada. Por eso se sostiene que estos trabajos cualitativos son meramente inductivos, es decir, en sus conclusiones tiene que ver mucho la posición y subjetividad del investigador (Hernández, et al., 2016).

- Generalmente los investigadores cualitativos comienzan examinando el mundo social y en este proceso desarrollan una teoría coherente con la que observarán el fenómeno como naturalmente ocurre (se denomina teoría fundamentada). Por lo tanto, a estas investigaciones se les denomina de naturaleza inductivas porque exploran y describen y luego generan teorías.

- Finalmente, estas investigaciones tienen ciertas **ventajas,** pues permiten abarcar las ideas de una manera profunda (*depth analysis*); los resultados no se pueden generalizar ni replicar en otros escenarios, poseen una amplitud significativa y riqueza interpretativa y, sobre todo, tienen la bondad de contextualizar profundamente el fenómeno.

## 3. Investigaciones mixtas

- Como se puede suponer, este tipo de investigación surge de la combinación de los dos enfoques anteriormente descritos. El orden no importa, sino que la definen los objetivos de investigación que se pretenden resolver.

- Ahora, cubiertos estos temas previos y de importancia para todo el proceso de escritura, comenzaremos a cubrir cada uno de los capítulos de la propuesta de investigación.

# CAPÍTULO 1: INTRODUCCIÓN PARA INVESTIGACIONES CUANTITATIVAS

1. Todos los títulos de cada capítulo deberían ser títulos de primer nivel (ver ejemplo 5); es decir, deben estar centrados en el centro, escritos en negritas y cada palabra debe ir en letras mayúsculas (salvo los artículos del título).

2. Recuerde que para el inicio de cualquier capítulo debe considerar dos secciones previas. En primer lugar, debería escribir antes de los siguientes subtítulos que usará en este capítulo, una introducción sobre las motivaciones que tiene usted para hacer la investigación. Esta debería ser una sección compuesta por un párrafo o varios, dependiendo del conocimiento o la motivación que tenga sobre el tema por investigar.

3. Para tal fin, se recomienda que usted haga al menos un análisis crítico de 2 a 3 referencias bibliográficas que le hayan motivado a seleccionar el tema de investigación que trabajará; de esta manera su trabajo de investigación se apreciará de mayor calidad académica. Se sugiere que en esta parte no se debe exceder de unas dos a tres páginas, y la escritura debe ser siempre teniendo como guía el estilo de escritura de APA (2019), preferiblemente.

4. Al final de la introducción sugerida debe terminar con un párrafo que especifique de forma clara y precisa el contenido o la forma de cómo está estructurado el primer capítulo (ver ejemplo 8).

*Nota 1: Los ejemplos que se presentan a continuación son solamente una guía, no se pretende que usted escriba e igual que el investigador que los produjo, sino que estos le provean una ayuda de cómo debería escribirse; Usted, por lo tanto, debería mostrar aquí su sello personal de escritura o su propio estilo de autenticidad e ingenio, escribiendo artículos de investigación.*

**Ejemplo 8: Estructura del primer capítulo de la investigación**

> Este capítulo está estructurado de la siguiente manera: se inicia con una breve introducción al tema de investigación, luego se trata el planteamiento del problema, se sigue con la declaración del problema de investigación, posteriormente se desarrollan en forma pormenorizada los objetivos generales y específicos, se sigue con las preguntas de investigación, luego se cubre la justificación, y se sigue con el estado de la investigación.

5.  Después de estas dos primeras secciones sugeridas a continuación, se recomienda que use los diferentes niveles de subtítulos de acuerdo con su trabajo. Por lo tanto, como subtítulos de primer nivel debería trabajar en detalle los elementos básicos que componen el *problema de investigación*. Cada uno de estos debe ir con un subtítulo de segundo nivel, como se presenta a continuación.

## 1.1 ANTECEDENTES DEL PROBLEMA DE INVESTIGACIÓN (PLANTEAMIENTO DEL PROBLEMA DE INVESTIGACIÓN)

1. En esta parte usted debería revisar investigaciones previas que hayan sido publicadas en la web, en revistas especializadas o en *journals* físicos, que se refieran a su tema de investigación y le permitan hacer un pequeño resumen, de tal forma que le conduzcan a conocer un poco más de lo que se haya escrito e investigado hasta esa fecha sobre temas relacionados con su problema de investigación. Esta parte le servirá también para que se

haga una idea de cómo abordan el tema de investigación otros autores, en qué estado del conocimiento se encuentra dicho tema, que trabajos hay de aplicación, o si hay alguna brecha identificada para cubrir, entre otras ayudas.

2. También en este apartado debe mencionar, desde una óptica de análisis crítico, temas de actualidad de la vida real y cotidiana.  Por eso, en esta sección se recomienda que se deje ayudar por noticias de actualidad, publicadas preferiblemente en revistas profesionales o especializadas, o en los periódicos especializados en su tema o de mayor circulación de su región o país. Además, podría hacer uso, siempre que le ayuden a definir su problema de investigación con mayor claridad, de algunas tablas estadísticas publicadas en la web o en algún medio de investigación. El uso de estos materiales le ayudará a tener una actualización sobre el tema en cuestión y comentar sobre algunas cifras encontradas.  Es altamente recomendable.

3. Se recomienda que al menos entre unas 5 a 10 referencias académicas de *journals* de su disciplina (dependiendo del nivel de propuesta que está haciendo –maestría o doctorado). Se recomienda que en esta parte y en las sucesivas *NO* debe abusar solo del uso de una sola referencia, como de un libro; porque si no caería en la falsa percepción de que solo ha revisado una sola referencia académica. Tampoco debería abusar de muchas noticias periodísticas porque este trabajo es de carácter académico.

4. El **ejemplo 9** que seguidamente se presenta, es una forma (de muchos) de cómo debería trabajarse esta sección:

**Ejemplo 9: Antecedentes del problema de investigación**

### 1.1 Antecedentes del problema de investigación:

*Uno de los conceptos esenciales del Sistema de Cuentas Nacionales es el de la producción" (Organización para la Cooperación y el Desarrollo Económicos, 2007, p. 23). De ese elemento se deriva parte de las aportaciones que nutren las arcas de un país para financiar sus operaciones. Se podría inferir, entonces, que la producción total de un pueblo debería contribuir en estos esfuerzos. Pero esto sencillamente no es el caso. Entre la producción recogida en las cifras oficiales y la que realmente se alcanza en un país en un año u horizonte temporal determinado, existe un amplio espacio que no viene reflejado en las estadísticas (Información Comercial Española, 2000). Esto que no se ve reflejado en las estadísticas de un país se le conoce como actividad económica subterránea.*

*Este tema ha instigado la curiosidad de muchos a través de los años. Y no es para menos. Las repercusiones de este tipo de dinámica son considerables. El efecto que tiene esta actividad en las contribuciones de un país es de peso material. Se estima que el dinero que no entra a ser parte de las recaudaciones nacionales a causa de este fenómeno, sobrepasa los millones. Adicional a esto, la economía subterránea está altamente relacionada con actividades delictivas, las cuales representan un problema a gran escala a nivel mundial. El hecho de que este tipo de actividad tenga un efecto tan adverso al medio ambiente socioeconómico de un pueblo, amerita la más alta consideración por parte de sus autoridades gubernamentales.*

*Se han desarrollado varios estudios para tratar de medir los niveles de actividad económica subterránea presentes en Puerto Rico. La gran mayoría de estos estudios se enfocan en la economía informal legal, aunque poco a poco ha ido en aumento la consideración de otros aspectos de este fenómeno que*

> *afectan de manera significativa al país (Estudios Técnicos, Inc., 2010). La economía subterránea es un elemento que, a la vez, es engañosamente sencillo y extraordinariamente complejo, trivial en su manifestación cotidiana y capaz de subvertir el orden económico y político de las naciones (Portes & Haller, 2004). Esto hace que medir este tipo de actividad sea una tarea muy compleja (Anghel & Vázquez, 2010). Pese a ello, a través de los años se han desarrollado diversos métodos directos e indirectos para intentar medir este fenómeno.*
>
> (Medina, 2016)

## 1.2 DECLARACIÓN DEL PROBLEMA DE INVESTIGACIÓN

5. En este segundo subtítulo el autor de la propuesta de investigación debería hacer un breve preámbulo a la declaración del problema de investigación propiamente dicho. Para tal fin se debería hacer uso en esta parte (y en las secciones que sean necesarias) de los muy recomendados *conectores*, para asegurarnos del hilo conductor de la narración, desarrollados pormenorizadamente previamente (ver el *Tip* de apoyo práctico 3.a.).

6. Aunque también se puede definir el problema de investigación de una forma declarativa, sin embargo, se recomienda que el problema de investigación debería ser formulado a manera de pregunta en la que se asegure que este problema de investigación tenga las variables por trabajar. La relación entre estas debe estar acotada y debe ser medible y alcanzable de lograr (dado su enfoque cuantitativo).

7. A continuación, se presenta el siguiente ejemplo de cómo debe quedar este subtítulo:

**Ejemplo 10: Declaración del problema de investigación**

### 1.2 Problema de investigación

*En comparación con otros países, el fenómeno de la economía informal no ha sido muy estudiado en Puerto Rico. Son pocas las investigaciones que se han realizado en torno a este tema y denotan cierta falta de coherencia entre sí, en gran parte debido a los diferentes métodos empleados, los diversos indicadores considerados, y la gama de definiciones adoptadas para delimitar este tipo de actividad económica (Estudios Técnicos, Inc., 2010), (Pol, 2004). Aún más reducido es el número de trabajos recientes, con miras a actualizar las estimaciones del tamaño de la economía subterránea en la Isla. Por lo tanto, el problema de esta investigación se declara de la siguiente manera: ¿A cuánto asciende la economía subterránea en Puerto Rico, entre los años 2007 al 2014, usando modelos propios basados en estimaciones confiables y sistemáticas?*

(Medina, 2016)

## 1.3 OBJETIVOS DEL PROBLEMA DE INVESTIGACIÓN

1. Para desarrollar esta importante sección del trabajo, también conviene que use los conectores recomendados para iniciar con un preámbulo que describa lo que viene a continuación, antes de pasar a enumerar y declarar los objetivos de investigación. Esto se logra redactando un pequeño párrafo.

2.  Luego debería escribir (si aplica) el o los o**bjetivos generales de la investigación**. Los objetivos de investigación deben ser escritos utilizando verbos en su forma infinitiva, de manera clara y concisa. Además, deben ser específicos, medibles apropiados y realistas, tal como lo manifiesta Tucker 2004, citado en Hernández, et al. (2016). Generalmente para escribir esta parte se usa un subtítulo de tercer nivel.

3.  Con otro subtítulo de tercer nivel se pasa a describir los objetivos específicos de la investigación si, de acuerdo con su investigación, considera que debe establecer estos. La escritura de los objetivos específicos se hace de igual manera que los objetivos generales, es decir, usando para su formulación verbos en infinitivo.

4.  El *Tip* **de apoyo práctico 3.b.** está compuesto por dos materiales importantes: primeramente, se presentan los verbos más usados cuando se trata de los objetivos generales o específicos (según sea el caso). En la primera tabla y en las dos primeras columnas se detallan los verbos más utilizados y pertinentes para considerar los objetivos generales; y en las dos últimas columnas se detallan los verbos que son usados para tratar los objetivos específicos.

5.  En la segunda tabla del *Tip* **de apoyo practico 3.b.** se establecen los 6 niveles que deben tener los verbos de acuerdo con la naturaleza y el alcance de su investigación, teniendo como referencia la taxonomía de Bloom. En esta tabla se pueden apreciar los diferentes niveles del conocimiento investigativo que figuran como títulos en cada columna, y debajo de cada nivel de conocimiento se encuentran los verbos que se podrían usar de acuerdo con la naturaleza de la investigación que se trabajará.

6.  Por último, en la parte inferior de la última columna se recomiendan ciertos verbos que *NO* se deberían usar en

una investigación científica porque no añaden valor al proceso.

**Tip de apoyo práctico 3.b.: Verbos que pueden ser utilizados en la redacción de objetivos generales y específicos, y verbos para objetivos de acuerdo con la taxonomía de Bloom.**

| Verbos para objetivos generales | | Verbos para objetivos específicos | |
|---|---|---|---|
| Analizar | Formular | Advertir | Enumerar |
| Categorizar | Fundamentar | Analizar | Enunciar |
| Calcular | Generar | Basar | Especificar |
| Comparar | Identificar | Calcular | Estimar |
| Compilar | Inferir | Calificar | Evaluar |
| Concretar | Mostrar | Categorizar | Examinar |
| Contrastar | Oponer | Comparar | Explicar |
| Crear | Orientar | Componer | Fraccionar |
| Definir | Plantear | Conceptualizar | Identificar |
| Demostrar | Presentar | Considerar | Indicar |
| Desarrollar | Probar | Contrastar | Interpretar |
| Describir | Producir | Deducir | Justificar |
| Diagnosticar | Proponer | Definir | Mencionar |
| Discriminar | Reconstruir | Demostrar | Mostrar |
| Diseñar | Relatar | Detallar | *Operacionalizar* |
| Efectuar | Replicar | Determinar | Organizar |
| Enumerar | Reproducir | Designar | Registrar |
| Establecer | Revelar | Descomponer | Relacionar |
| Explicar | Situar | Describir | Resumir |
| Examinar | Tasar | Discriminar | Seleccionar |
| Exponer | Valuar | Distinguir | Sintetizar |
| Evaluar | | Establecer | Separar |
| | | Sugerir | Determinar |

Balestrini (1997)

## *Verbos que pueden ser utilizados en la redacción de objetivos según el nivel (Bavaresco, 2013*

| NIVEL I | NIVEL II | NIVEL III | NIVEL IV | NIVEL V | NIVEL VI |
|---------|----------|-----------|----------|---------|----------|
| Conocimiento | Comprensión | Aplicación | Análisis | Síntesis | Evaluación |
| Adquirir | Cambiar | | Analizar | Agrupar | Adoptar |
| Anotar | Colocar | Actuar | Asociar | Argumentar | Apoyar |
| Citar | Comentar | Adaptar | Catalogar | Armar | Clasificar |
| Clasificar | Comprender | Afianzar | Categorizar | Bosquejar | Chequear |
| Combinar | Constatar | Aplicar | Comparar | Cambiar | Comprobar |
| Completar | Convertir | Apoyar | Concebir | Componer | Confirmar |
| Computar | Dar | Calcular | Constatar | Concluir | Considerar |
| Conocer | Demostrar | Caracterizar | Contrastar | Condensar | Criticar |
| Copiar | Diagramar | Confeccionar | Deducir | Constituir | Decidir |
| Decir | Diferenciar | Construir | Desarmar | Construir | Defender |
| Definir | Especificar | Debatir | Descifrar | Contrastar | Determinar |
| Describir | Estimar | Demostrar | Descomponer | Crear | Diagnosticar |
| Distinguir | Explicar | Desarrollar | Descubrir | Deducir | Elegir |
| Encontrar | Exponer | Dibujar | Desglosar | Derivar | Estimar |
| Enumerar | Expresar | Dramatizar | Desmenuzar | Desarrollar | Evaluar |
| Enunciar | Extrapolar | Efectuar | Detectar | Dibujar | Evitar |
| Escoger | Hacer | Ejercitar | Diagramar | Diferenciar | Juzgar |
| Escribir | Ilustrar | Emplear | Diferenciar | Dirigir | Opinar |
| Exponer | Indicar | Ensayar | Discriminar | Diseñar | Reconocer |
| Formular | Inferir | Enseñar | Discutir | Documentar | Sancionar |
| Identificar | Interpolar | Esbozar | Distinguir | Elaborar | Validar |
| Indicar | Interpretar | Escoger | | Especificar | Valorar |
| Informar | Justificar | Experimentar | Dividir | Establecer | **NO SE RECOMIENDA** |
| Listar | Leer | Explicar | Estudiar | Exponer | |
| Medir | Modificar | Hacer | Examinar | Formular | Apreciar |
| Memorizar | Organizar | Localizar | Experimentar | Generalizar | Comprender |
| Multiplicar | Parear | Mostar | Hallar | Ilustrar | Darse cuenta |
| Narrar | Preparar | Obtener | Inspeccionar | Inducir | Desear |
| Nombrar | Reafirmar | Operar | Investigar | Inferir | Crear |
| Nominar | Relacionar | | Jerarquizar | Integrar | Entender |
| Observar | Reordenar | Organizar | Justificar | Modificar | Dominar |
| Preparar | Representar | Practicar | Ordenar | Opinar | Familiarizarse |
| Pronunciar | Restablecer | Predecir | Planear | Organizar | Enterarse |
| Recalcar | Revisar | Probar | Programar | Planificar | Pensar |
| Recitar | Seleccionar | | Razonar | Precisar | Sentir |
| Reconocer | Sustituir | Programar | Resolver | Proponer | Percibir |
| Recopilar | Traducir | Realizar | Seleccionar | Reconstruir | Saber |
| Recordar | Trasladar | Recortar | Separar | Redactar | Exhibir |
| Registrar | Ubicar | Reducir | | Reestructurar | Capacitar |
| Relatar | | Replantear | | Relacionar | Interesarse |
| Repetir | | Representar | | Resumir | |
| Reproducir | | Señalar | | Sintetizar | |
| Restar | | Tabular | | Transmitir | |
| Retener | | Transferir | | | |

7.  A continuación, se presenta el **ejemplo 11** de cómo
    debería escribirse este importante subtítulo.

**Ejemplo 11: Objetivos de investigación**

*1.3 Objetivos de investigación*

*1.3.1 Objetivo general*

*Cuantificar mediante un modelo sistémico y armonioso la economía subterránea desde el 2007 al 2014 en Puerto Rico. Para tal fin, se establecen los siguientes objetivos específicos que guiarán esta investigación los cuales se describen a continuación.*

*1.3.2 Objetivos específicos de investigación*

*Para poder solucionar el objetivo general de la presente investigación, se proponen los objetivos específicos de la misma:*
*1. Determinar claramente los elementos que constituyen la actividad económica denominada subterránea en Puerto Rico.*
*2. Estimar cuantitativamente la actividad económica subterránea en Puerto Rico entre los años 2007 al 2014.*
*3. Analizar comparativamente los niveles de actividad económica subterránea entre los años 2007 al 2014.*

(Medina, 2016)

# 1.4 EJEMPLO 12: PREGUNTAS DE INVESTIGACIÓN

1. Generalmente, las preguntas responden directamente a los objetivos específicos de la investigación. En las investigaciones cuantitativas se debe establecer este orden porque debe estructurarse el proceso de investigación como un cuerpo humano y el problema, los objetivos y las preguntas de investigación vienen a ser una especie de columna vertebral de toda la propuesta de investigación. Incluso si el trabajo terminaría como proyecto de investigación o como tesis posteriormente, estos objetivos y preguntas de investigación son los que definen el orden de abarcar los resultados y el análisis de los resultados, así como las conclusiones de la investigación.

2. Para poder escribir esta parte se recomienda inicialmente que se haga un pequeño párrafo, para que sirva de preámbulo a la declaración de las preguntas de investigación.

3. Luego se pasa a describir, preferiblemente enumerando, cada una de las preguntas de investigación para explicar cómo opera cada objetivo de investigación. Con frecuencia, de acuerdo con el alcance de la investigación, algunos objetivos generan dos o más preguntas de investigación; pero por lo general la relación es de un objetivo a una pregunta, tal como se presenta en el **ejemplo 6** que a continuación se detalla.

**Ejemplo 12: Preguntas de investigación**

*1.4 Preguntas de investigación*

*Con los tres objetivos específicos de investigación antes mencionados y propuestos, se pretende contestar las tres siguientes preguntas de investigación, respectivamente:*

1. ¿Qué elementos constituyen la actividad económica denominada subterránea en Puerto Rico?

Una vez se conteste esta primera pregunta básica, el objetivo 2 nos lleva a proponer dos preguntas de investigación, las cuales se formulan así:

2. ¿Cuáles son los modelos teóricos que ayudan a cuantificar los niveles de actividad económica subterránea en los países?

3. ¿Cuáles de estos modelos pueden ser aplicados para desarrollar un modelo parsimoniosamente estadístico para Puerto Rico entre los años 2007 al 2014?

Por último, luego de identificar estos niveles, se procederá a contestar:

4. ¿Cuál fue el comportamiento de estos niveles de actividad económica subterránea entre los años 2007 al 2014?

(Medina, 2016)

# 1.5 JUSTIFICACIÓN DE LA INVESTIGACIÓN

1. Para esta parte es necesario que el estudiante pueda contestar la siguiente pregunta y desarrollarla como un texto: ¿A quién o a quiénes servirán los resultados de su investigación cuando se termine el mismo? La respuesta debe hacerse en cuatro vertientes: académica, práctica, profesional y beneficiosa para la sociedad.

2. Es recomendable también hacer uso de algunas referencias bibliográficas que sustenten cada una de sus respuestas, porque de esa manera usted le dará mayor valor académico a su trabajo. Esta sección se escribe mediante la construcción de dos o más párrafos, tal como se presenta a continuación el **ejemplo** de aplicación **13**:

## Ejemplo 13: Justificación de la investigación

### 1.5 Justificación de la investigación

*El concepto de economía subterránea o informal ha sido de mucha importancia en el mundo entero. Desde que se le hizo referencia en un estudio efectuado en el 1970 por la Organización Internacional del Trabajo (OIT), este ha generado mucho interés en diversos sectores económicos a nivel global. Y es que este complejo fenómeno de la economía, elusivo y complejo en su percepción, es de gran materialidad para las finanzas de cualquier país.*

*Por lo que, a pesar de las dificultades que pueda presentar, es menester emprender esfuerzos para medir o estimar este tipo de actividad. Obtener estadísticas precisas sobre la distribución de recursos de un país en la economía subterránea es importante para la toma de decisiones de política económica efectivas (Schneider & Enste, 2000). A fin de desarrollar instrumentos (o mejorar aquellos existentes) que ayuden a controlar los niveles de actividad económica informal, es imprescindible comenzar por conocerla. Los primeros pasos para comprender la magnitud de su efecto sobre el contexto económico-social recaen en conocer su tamaño y cómo esta se comporta en relación con diversos factores influyentes. Para lograr esto, toca comenzar intentando medir este espectro económico. Debido a su naturaleza, esto puede significar estimar cuantitativamente su tamaño a través de instrumentos macroeconómicos o econométricos, probados eficaces en esta empresa. Por lo expuesto, esta investigación se justifica porque los resultados serán de utilidad práctica para que los tomadores de decisiones de política pública puedan tener estimados con métodos científicos y validados académicamente, de la cantidad de lo que significa la economía subterránea en el país. De otra parte, la justificación de este estudio también es de vertiente académica porque cubrirá una brecha de trabajos científicos que no han sido cubiertos efectivamente desde el 2003. Por último, la justificación de este*

*estudio es porque será un documento de debate y base para otros estudios más abarcadores de este fenómeno en Puerto Rico y el mundo.*

(Medina, 2016)

## 1.6 VIABILIDAD DE LA INVESTIGACIÓN

1. En este subtítulo se escribe la factibilidad de concretar esta investigación para lo cual se deben considerar factores tan importantes que usted como investigador debería tener el acceso y la disponibilidad para completar el trabajo, tales como: tiempo, recursos de información, recursos financieros, recursos humanos y materiales que se determinan necesarios para culminar su proceso investigativo.

2. Esta sección se escribe mediante un párrafo que detalla por cada variable (tiempo, recursos de información y financieros, recursos humanos y materiales) la disponibilidad o carencia, según sea el caso de estos recursos, y se recomienda que se describa detalladamente cada una de estas necesidades o requerimientos.

3. Usted puede ver una aplicación de estas recomendaciones en el siguiente ejemplo:

**Ejemplo 14: Viabilidad de la investigación**

### 1.6 Viabilidad de la investigación

*Luego de un análisis preliminar de los elementos necesarios para llevar a cabo esta investigación, se considera que la misma es muy viable. En términos de recursos financieros, es nula o bien mínima la necesidad de inversión de dinero. Lo mismo pasa con los recursos humanos necesarios, ya que se puede llevar a cabo la investigación sin la necesidad de un grupo de trabajo considerable. En el caso de los materiales para esta investigación, la gran mayoría de los datos estadísticos que se utilizarán se encuentran disponibles libre de costo a través de internet en los portales de diversas agencias gubernamentales.*
*Se encuentra, por lo tanto, que esta investigación es factible llevarla a cabo en un tiempo razonable. Gracias a la disponibilidad de recursos y la naturaleza de estos, se estima que se pueda concluir Por lo expuesto anteriormente, se estima que este trabajo puede realizarse dentro del periodo de un año.*

(Medina, 2016)

## 1.7 ESTADO ACTUAL DE LA INVESTIGACIÓN

1.  En algunos países de Latinoamérica este subtítulo es denominado como *estado del arte de la investigación* o *deficiencias de la investigación*. Ambos se usan indistintamente para esta parte bajo el mismo desarrollo.

2.  Lo que corresponde entonces para este apartado es determinar en unos dos a seis párrafos (o más si es el caso o su asesor lo indica) el estado de la situación actual del tema de investigación que está trabajando; es decir, se debería mencionar bajo un enfoque de análisis crítico y

descriptivo, la bibliografía que hasta la fecha ha encontrado y que le da una idea del estado de la situación o la actualización en que se encuentra su trabajo de investigación elegido. En esta parte no es necesario demostrar pleno y total conocimiento de las investigaciones que existen sobre su tema de trabajo,porque eso lo trabajará con mayor detalle y tiempo en la revisión de bibliografía que se cubre en el segundo capítulo de su trabajo.

3. Se recomienda hacer una narración en una línea de tiempo de preferencia en pasado o pretérito, mencionando los trabajos encontrados, sus autores, las instituciones a las que pertenecen, cómo han cubierto los tema y sus análisis críticos de los mismos, tal como se presenta en el **ejemplo 15**:

**Ejemplo 15: Estado actual de la investigación**

### 1.7 Estado actual de la investigación

*En un estudio preliminar del material disponible hasta el momento sobre el problema de investigación, hemos encontrado que los últimos intentos de estimar dicha actividad en Puerto Rico fueron hechos en el 2010. Este análisis es expuesto en un informe al Banco Gubernamental de Fomento sobre diversos estudios llevados a cabo a través de los años en torno a la economía informal en Puerto Rico. Se deriva del material examinado que se han empleado diversos enfoques y estrategias para la estimación de este tipo de actividad, la gran mayoría utilizados popularmente con los mismos propósitos en diversos mercados económicos. No se encuentra que se haya dejado de considerar algún elemento en las investigaciones hasta*

*el momento, más bien resalta el hecho de la falta de continuidad en estos esfuerzos.*
*Este trabajo pretende continuar con estos esfuerzos en miras a desarrollar datos de peso material para el desarrollo de estrategias eficaces para disminuir la presencia de este tipo de actividad en la economía puertorriqueña.*

(Medina, 2016)]

# CAPÍTULO 1: INTRODUCCIÓN PARA INVESTIGACIONES CUALITATIVAS

## 1.1. (Q) Guías generales para escribir el primer capítulo de las investigaciones cualitativas

- Se debe tener en cuenta que en el primer capítulo los dos tipos de enfoque de investigación tienen los mismos elementos y subtítulos que se consideran y se han desarrollado en extenso para los trabajos cuantitativos; sin embargo, es importante remarcar que para las investigaciones cualitativas existen ciertos niveles de profundización de los fenómenos por estudiar los cuales se detallan a continuación.

- Los planteamientos de los problemas cualitativos están enfocados en estudios de mayor profundización de los fenómenos que se estudiarán y se desarrollan teniendo en cuenta la particular perspectiva de los participantes y del investigador. Por tales razones se recomienda que los problemas que se investigarán en enfoques cualitativos sean descritos de forma más general y, por ende, los objetivos y las preguntas de investigación en estos trabajos serán menos específicos y flexibles.

- Por lo expuesto, los planteamientos de los problemas de investigación cualitativa son más abiertos e inicialmente no son direccionados y mayormente son fundamentados en la experiencia del investigador, así como en su propio juicio. No se debe olvidar que se aplican a un caso o a un pequeño número de fenómenos por investigar.

- Por otra parte, cuando se describen los elementos de justificación en los planteamientos de trabajos cualitativos, estos son los mismos que en los cuantitativos; es decir, se describirá su conveniencia, relevancia social, implicaciones prácticas, valor teórico y utilidad metodológica.

- Para tener mejor idea de cómo escribir esta parte, se presenta a continuación la **tabla 1** en la cual se analizan comparativamente las diferencias que existen en las características de los elementos para los problemas cuantitativos y cualitativos.

## Tabla 1: Comparación del planteamiento del problema de investigación y sus elementos para enfoques cuantitativos y cualitativos

| Planteamiento de problemas de investigación (PI) cuantitativa y sus elementos | Planteamiento de problemas de investigación (PI) cualitativa y sus elementos |
|---|---|
| Los PI son precisos y delimitados. | Los PI son abiertos y generales. |
| Los PI son enfocados en variables, exactos y concretos. | Los PI son expansivos, que luego se enfocan en conceptos importantes de acuerdo con la evolución del trabajo. |
| Los PI son fundamentados en la revisión de literatura. | Los PI son fundamentados en la experiencia e intuición del investigador. |
| Se aplican en un número amplio de casos. | Se aplican en un número limitado de casos. |
| El fenómeno se entiende teniendo como guía trabajos previos. | El fenómeno se entiende desde muchas dimensiones y en trabajos presentes y pasados. |
| Se orientan a probar teorías o hipótesis, así como a analizar y evaluar variables entre sí o efectos de una sobre otra (correlacionales y explicativas). | Se orientan mayormente a aprender de experiencias y puntos de vista de los individuos, valoran procesos, medios y generan teorías a partir de las perspectivas de los participantes. |
| Los **objetivos y preguntas de investigación** son acotados, precisos, alcanzables y medibles. Una guía de los verbos más recomendados por usar se presenta en detalle en el *tip* de apoyo tecnológico 3.b., que cubre los verbos que pueden ser utilizados en la redacción de objetivos generales y específicos, y verbos para objetivos, de acuerdo con la taxonomía de Bloom. | Los **objetivos y preguntas de investigación** son más genéricos y menos precisos, generalmente de carácter exploratorio y flexibles. Se recomienda usar verbos que sugieran trabajos exploratorios como: *describir, entender, desarrollar, analizar, descubrir, explorar* acompañados de las palabras relacionadas con: razones, búsquedas, indagación, identificación, motivaciones, entre otras. |
| La **justificación** implica abordar conveniencia, relevancia social, implicaciones prácticas, teóricas y metodológicas. | La **justificación** implica abordar conveniencia, relevancia social, implicaciones prácticas, teóricas y metodológicas. |
| En **viabilidad** se debe considerar la disponibilidad de recursos, tiempo y destrezas requeridas para completar la investigación. | En **viabilidad** se debe considerar la disponibilidad de recursos, el tiempo y las destrezas requeridas para completar la investigación. |
| En el **estado de la situación** del fenómeno se consideran investigaciones encontradas hasta la fecha. | Además del **estado de la situación**, se debe describir en un apartado la definición inicial del **ambiente o contexto** donde se desarrollará la investigación e mencionada. |

laboración propia
uentes: Hernández, et al. (2016) & Castro-Gonzáles (2019a)

A continuación, se presenta el **ejemplo 16** de cómo se abordaría un problema de investigación, los objetivos y las preguntas de una investigación cualitativa.

**Ejemplo 16: Tema, problema, objetivos y preguntas de una investigación cualitativa**

### Tema de investigación

Dado que en Otuzco, Perú, existen más de 15 bandas de músicos en un pueblo con menos de 25,000 habitantes.  Esta realidad le convierte en una potencia musical y en  un pueblo de emprendimiento cultural.  Entonces nos interesa averiguar sobre las motivaciones que tienen los músicos y directores para integrar y fundar las bandas de música tradicional en esta ciudad.

### Problema de investigación

¿Cuáles son las motivaciones que tienen los integrantes y directores de las bandas de músicos tradicionales, para integrar y fundar una banda de músicos tradicional en el distrito de Otuzco, Perú, que los convierte en emprendedores culturales principales del país?

 A partir de este problema de investigación, los elementos para plantear el problema de investigación podrían ser:

### Objetivos

1. Conocer las motivaciones que experimentan los músicos jóvenes para integrar las bandas de músicos tradicionales en el distrito de Otuzco, Perú.
2. Profundizar en las diferentes motivaciones de los músicos jóvenes que integran las bandas de músicos tradicionales en el distrito de Otuzco, Perú.

3. Comprender las motivaciones que subyacen en la proliferación de la existencia de muchas bandas de músicos tradicionales que cuentan con emprendedores culturales entre los directores de sus bandas musicales en el en el distrito de Otuzco, Perú.

A partir de estos objetivos surgen las siguientes preguntas de investigación:

## Preguntas de investigación

1. ¿Cuáles son las motivaciones que experimentan los músicos jóvenes para integrar las bandas de músicos tradicionales en el distrito de Otuzco, Perú?

2. ¿Cuáles son las motivaciones más relevantes que tienen los músicos jóvenes para integrar activamente las bandas de músicos tradicionales en el distrito de      Otuzco, Perú?

3. ¿Qué motivaciones principalmente son las que subyacen en la existencia de muchas bandas de músicos tradicionales que cuentan con emprendedores culturales entre los directores de sus  bandas musicales en el en el distrito de Otuzco, Perú?

# RECOMENDACIONES PREVIAS ANTES DE ESCRIBIR EL CAPÍTULO 2

1. Antes de empezar las recomendaciones de cómo escribir el segundo capítulo, es necesario abordar varios asuntos que nutren y enriquecen a una buena revisión de literatura y a la elaboración del marco teórico.

2. Por lo tanto, se recomienda en primer lugar que debe hacerse una revisión de literatura propicia y pertinente del problema de investigación que se está trabajando y de los elementos que lo conforman, concentrándose específicamente en los objetivos del trabajo y en las preguntas de investigación. Por estas razones, se recomienda que la literatura encontrada previamente en capítulo 1, deba enriquecerse con más revisión de literatura seleccionada y pertinente que enriquezca el conocimiento de la investigación, por lo que es necesario realizar una búsqueda adecuada de información. Una parte significativa de las tareas que conllevan el hacer investigación es procesar la información científica o investigativa que se encuentre.

3. La información científica es un conjunto de los resultados del conocimiento basado en el método científico, dados a conocer por procedimientos digitales en la red (más usados actualmente) o también publicados por medios impresos (muy usados anteriormente). Con la exploración bibliográfica se busca encontrar antecedentes, deficiencias, enfoques de análisis, conceptos relacionados, limitaciones,

y a la vez se permite una actualización permanente del tema de interés.

4.  Esta búsqueda bibliográfica se realiza mediante el uso de bases de datos, los cuales requieren ciertas destrezas y técnicas para poderlos acceder; por eso se hacen las sugerencias más importantes en las siguientes secciones:

## A. BASES DE DATOS DONDE SE DEBE HACER BÚSQUEDA DE LITERATURA

- Para la búsqueda de artículos académicos, se recomiendan las bases de datos que tienen convenios con su universidad; algunas reciben *Journals* impresos, pero la gran mayoría ya están en formato digital. Dentro de las bases de datos más destacados se encuentran: *Wilson, Wiley, EBSCO, ProQuest, Emerald, SAGE Journals, ABI/INFORM, ERIC, Scirus, Base, WorlWideScience, WoS, Scopus*, entre otras. Estas bases de datos son más usadas y generalmente las universidades compran el acceso a estas; cabe mencionar que la mayoría de estas bases de datos están en el idioma inglés que es el lenguaje más usado en el ambiente científico. Sin embargo, para los investigadores o estudiantes que usan el español como primer idioma, hay muy buenas bases de datos tales como: *Latindex, Scielo, Dialnet, Redalyc, Enfispo, Bus*, entre otras.

- En los portales Web y de acceso libre (*Open Access*), también hay buenas posibilidades para conseguir información relevante y académicamente muy seria. En algunas de estas bases de datos es necesario abrir una cuenta con su ID y *password*. Las más recomendadas son: *Google Scholar, Scirus, SSRN, Academica.edu, Mendeley®,* entre otras.

- Por último, se destacan los buscadores generales como *Google, Yahoo, Altavista*.

- Tenga en cuenta que la revisión de literatura es un proceso selectivo y esta búsqueda debe ser útil y pertinente para su trabajo de investigación. Para lograr estas características se aconseja que trate de hacer su búsqueda usando las bases de datos anteriores. Sin embargo, también lo puede hacer con buenos resultados en sitios de universidades (su dominio termina en .edu), en organismos públicos oficiales, nacionales e internacionales; a partir de instituciones culturales y científicas (museos, academias, archivos, etc.), de entidades y asociaciones profesionales y científicas relevantes, entre otras fuentes.

- **Conviene evitar:** foros y sitios de intercambio de opiniones, páginas personales - con excepción de profesores universitarios reconocidos-, *blogs* (salvo aquellos de personas o entidades muy acreditadas), sitios de alojamiento libres de contenidos sin control selectivo y espacios de entretenimiento e interacción social y, por último, de Wikipedia.org.; porque es una biblioteca abierta y cualquier interesado no necesariamente relacionado con lo académico puede hacer correcciones y modificaciones a materiales importantes y relevantes.

## B. REVISIÓN DE LITERATURA PRÁCTICA Y EFECTIVA USANDO SCHOLAR GOOGLE

1. De una manera práctica se recomienda que se definan las variables (o componentes temáticos) que se trabajarán y por cada variable o constructo debe hacerse un fólder para ir guardando en cada una de ellas los documentos de interés que se encuentren. Esto se hace para que no se genere confusión cuando estemos construyendo la elaboración del marco teórico.

2. Por cada variable o componente temático definido debe seguidamente definir la utilización de operadores lógicos (*and, or, not*) y la relación entre los componentes. El estudiante comprobará que si usa *or* las posibilidades de encontrar más información son mayores que el *and* y *not*.

3. Si no encuentra datos útiles en la base de datos seleccionada, debe cambiar las palabras claves y usar sus sinónimos o combinación relacionada. Una vez que se encuentre material relevante a su tema de interés, entonces el siguiente paso es decidir el espectro de la búsqueda y selección de modificadores (antigüedad de la investigación, tipo de publicación, texto completo, *Academic Journals*, o *peer review papers*, etc.).

4. A continuación, se presenta un ejemplo en *Scholar Google*. Si domina inglés, es preferible que busque datos sobre el término en ese idioma porque hay una cantidad inmensamente superior de datos sobre el término en inglés que en español. A manera de ejemplo, en el *Tip* **de ayuda tecnológica 4** de abajo, se buscó el tema compuesto por las palabras *competitiveness analysis* y se encontraron 3,690,000 artículos, pero en español se buscó por *análisis de competitividad* y solo se encontraron 131,000 artículos. En consecuencia, por cada artículo en español hay 28 artículos más en inglés (estos números y relaciones varían en función de la fecha; esta búsqueda se hizo en el mes de noviembre del 2019).

5. Una vez que hace la búsqueda, debe refinar y acotar el número de artículos que va a revisar, para tal efecto recurra a definir la antigüedad de los artículos. Esto se hace en la parte de la izquierda (ver *Tip* **de ayuda tecnología 5**), y seleccionando el intervalo de publicación, la relevancia y el idioma en español de 131,000 artículos, se bajó a 14,100 artículos.

6. Ahora toca el siguiente proceso que consiste en **seleccionar y evaluar** los artículos más relevantes para su investigación. Eso se consigue con una ligera lectura al resumen del trabajo en una primera instancia y luego, si reviste cierta importancia, se revisan las secciones del artículo que puedan ser de utilidad para su investigación. Una vez evaluado, se descarga el archivo para su análisis pormenorizado posteriormente.

7. Finalmente se van guardando los artículos seleccionados en *pdf* preferiblemente, en el fólder distinto por variable o constructo. Para tal efecto, si le interesa un artículo en particular, verifique que tenga a la derecha del artículo, la fuente de repositorio y el tipo de documento que tiene la institución. Se recomienda que sea en *pdf* porque una 1. siguiente ayuda tecnológica que se sugiere y que se desarrolla posteriormente es para poder leerlo, analizarlo, revisarlo y evaluarlo. Esto se realiza con el software abierto denominado *Mendeley*®.

### *Tip* de ayuda tecnológica 4: Búsqueda de bibliografía usando *Scholar Google*

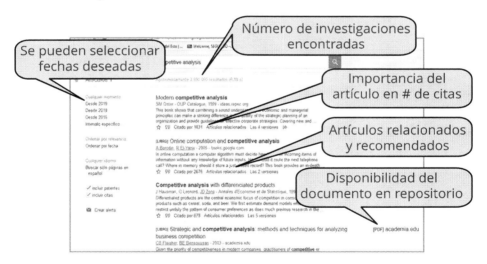

*Tip* **de ayuda tecnológica 5: Refinamiento por fecha de publicación, idioma y relevancia**

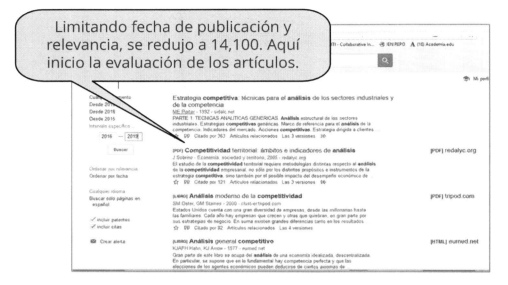

Limitando fecha de publicación y relevancia, se redujo a 14,100. Aquí inicio la evaluación de los artículos.

## C. GERENCIA DE BIBLIOGRAFÍA, CITAR MIENTRAS SE ESCRIBE Y HACER REFERENCIASM AUTOMÁTICAMENTE USANDO "MENDELEY®"

1. Anteriormente la revisión de literatura era un proceso agotador, incluso muy cansado y desgastante. Incluía un proceso de descargar el *paper* seleccionado, luego imprimirlo, posteriormente leerlo en su totalidad, ir haciendo marcaciones, elaborar luego las bibliografías anotadas, archivarlo en un fólder físico, y así los investigadores terminaban con un archivo de más de 50 *papers* a un promedio de 20 páginas cada uno. Ese fólder tendría un aproximado de más de 500 páginas, por investigación. Considerando que en la vida académica de un profesional promedio que tendría un promedio de 20 investigaciones publicadas, este procedimiento implicaría un aproximado de 10,000 páginas de documentos impresos.

2. Esta es una historia casi olvidada para quienes hemos adoptado esta súper ayuda para hacer investigación. Por esta razón se recomienda iniciar el proceso de aprender y usar una herramienta tecnológica que es un gestor de bibliografía. Es preciso anotar que en la actualidad hay muchos *softwares* que hacen este trabajo, muchos de ellos son pagados; pero ahora se encuentran unos *softwares* libres muy buenos y útiles: los *open sources.* En esta gran gama de *open source* surge una herramienta recomendable por su versatilidad, utilidad, facilidad y diseño *user friendly*: el nombre de este programado es Mendeley®.

3. Mendeley® es un *software* y aplicación académica gratuita que soporta cualquiera de los sistemas operativos más conocidos (*Window, Mac & Linux*) para administrar, compartir, leer, anotar y citar las investigaciones. Además, es una red de investigación para administrar los artículos en línea, descubrir tendencias y estadísticas de investigación y conectarse con otros investigadores con ideas similares alrededor del mundo.

4. Antes de empezar a describir el uso de Mendeley®, se recomienda a los estudiantes que vayan guardando los artículos seleccionados en su búsqueda bibliográfica en el formato *pdf* de preferencia, *y* graben estos en un fólder por variable o constructo. Esta recomendación es para que se nos facilite el proceso de ordenamiento y manejo de los artículos encontrados. Mendeley® permite también ir creando fólderes en el programado para facilidad de su uso. Para bajar el programado en su PC, debe seguir los siguientes pasos:

## C.1 CREAR CUENTA DE MENDELEY® Y BAJAR EL PROGRAMA A SU COMPUTADORA

1. Lo bueno del uso de Mendeley® es que permite acceder a su librería personal desde cualquier dispositivo móvil (celular-*Iphone* o Androide- y *tablet*). Pero es importante

primero bajar el programa de preferencia desde la computadora (*laptop* o *desktop*) entrando a www.mendeley.com con la finalidad de que el estudiante tenga una cuenta en la Web; la misma que se sincronizará en la nube del programado. Una vez que se entre al *site,* se debe crear una cuenta con *ID y password* (ver el proceso para este fin en el *Tip* **de ayuda tecnológica 6**).

2.  Luego de crear una cuenta, es recomendable descargar el programado en su computadora, y una vez que se instala el programa, se debe hacer el proceso de *sign in* en la computadora del usuario.

**Tip de ayuda tecnológica 6: Creación secuencial de una cuenta de Mendeley® y descargar el programa en su PC**

Debe colocar su email y establecer un *password* para crear su cuenta.

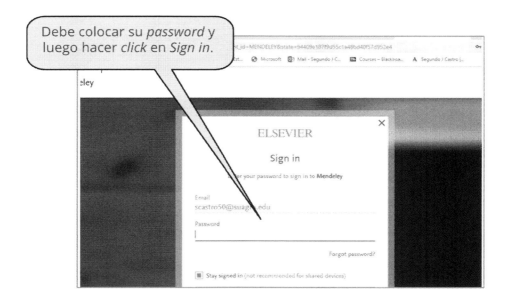

Debe colocar su *password* y luego hacer *click* en *Sign in*.

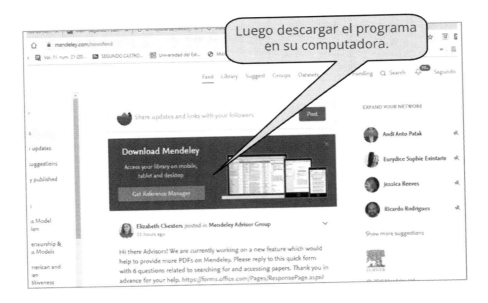

## C.2 CONOCIENDO A MENDELEY®, SUS CARACTERÍSTICAS FUNCIONALES

1. Al abrir Mendeley® cuando se tiene ya algún documento, el *software* tiene varias funcionalidades que se pueden ejecutar, las cuales se detallan a continuación:

   a. Presenta 3 ventanas muy útiles y funcionales.
   b. Establece y administra sus grupos de referencias bibliográficas.
   c. Presenta una vista tabular con todos sus documentos.
   d. Se pueden agregar etiquetas o notas y edita detalles de los documentos.
   e. Filtra sus documentos por autor, palabras claves, etiquetas o publicaciones.
   f. Una vez en el documento, le puede filtrar por concepto, palabras, fechas, etc.

A continuación, se presenta en el *Tip* 7 los detalles enunciados previamente en forma gráfica:

## *Tip* de ayuda tecnológica 7: Características funcionales del desktop de Mendeley®

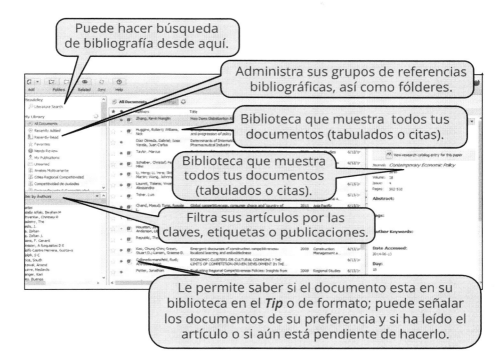

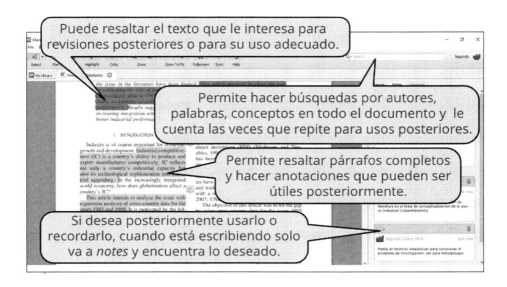

## C.3 ADICIONAR DOCUMENTOS Y CREAR ARCHIVOS CON MENDELEY®

1.  Debe tener en cuenta que Mendeley® trabaja tanto en su computadora (*desktop*) como en la nube mediante una sincronización automática. En la versión *desktop* adicionará los *papers* que serán usados, podrá también abrir los documentos con la finalidad de hacer anotaciones, lecturas y todo el proceso requerido.

2.  Por lo tanto, para adiciona documentos de análisis una vez abierto el programa, se procede con la rutina siguiente: *Add* > [le sale una ventana y allí selecciona el(los) documento(s)es que desea añadir al programa de gestión de documentos] > *Open*. Una vez hecha esta rutina, aparecerá en el cuerpo principal del programa los *papers* seleccionados. En el *Tip* **7 de ayuda tecnológica**, se aprecia en detalle esta rutina en forma gráfica.

3.  Para crear nuevos fólderes, es muy sencillo: solo se va a la ventana que queda en la izquierda superior del programa y en la parte inferior busca un icono que indica *create folder*, y le da un *click* y allí escribe simplemente el nombre del fólder de su preferencia, (ver abajo).

*Tip* **de ayuda tecnológica 8: Adicionar documentos nuevos en "Mendeley" ® y crear fólderes del desktop**

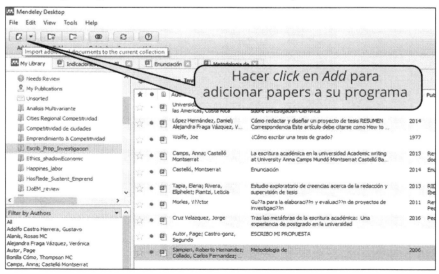

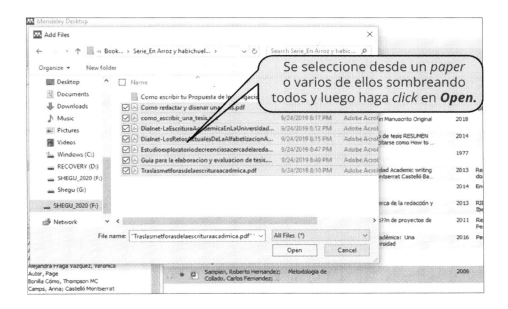

## Creación de fólderes en Mendeley®

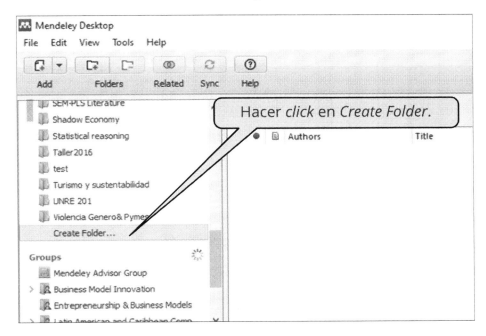

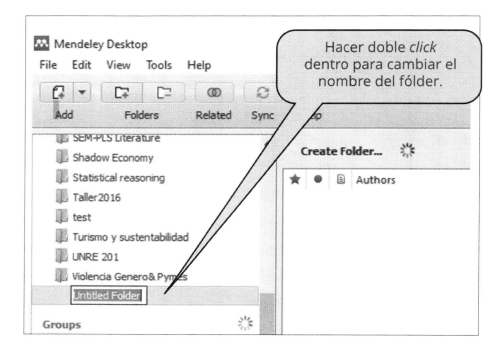

## C.4 CITAR MIENTRAS SE ESCRIBE Y HACER REFERENCIAS BIBLIOGRÁFICAS AUTOMÁTICAS CON MENDELEY®

1. Se debe tener en cuenta que cuando se trabaja y se hacen modificaciones, como todo documento digital debe guardarlo. Para esto Mendeley® tiene una función denominada **syncronic**, la cual hace el papel de **save as** en Word. Presionando esta función, el investigador guardará todos los cambios y actualizaciones que hace en su versión *desktop*, en la nube de Mendeley®, como agregar documentos, hacer anotaciones, corregir los autores, años, etc.

2. Para poder citar mientras se escribe la investigación usando Word, antes de iniciar este proceso, primero se debe activar un **plugin** bajo la rutina siguiente: **file** > **install MS Word Plugin**. Esta instalación le permitirá que cuando abra Word visualice en el menú superior del documento,

en la sección de **references**, las ayudas más importantes que Mendeley® ofrece (que son varias). Todas estas características se aprecian gráficamente en elgráfico de *Tip* **de ayuda tecnológica 9**.

3. Luego, para hacer la cita correspondiente cuando se está escribiendo en Word, debe hacer la rutina siguiente: **References > Insert citation** > [sale una primera ventana donde le da varias opciones, usted elija cualquiera; pero se recomienda que sea **Mendeley® desktop**, y allí le genera automáticamente en la pantalla una ventana de Mendeley® *desktop*]. Luego, cuando se está en la interface de Mendeley®, se deben marcar la(s) referencia(s) que desee citar (ver ejemplo). Para hacer varias citas debe marcar los documentos deseados manteniendo presionado el botón de **Ctrl** para asegurarse de que estos se marquen y aparezcan luego en el escrito en Word debidamente citados.

**Tip de ayuda tecnológica 9: Instalación de Plugin para citar con "Mendeley" ®**

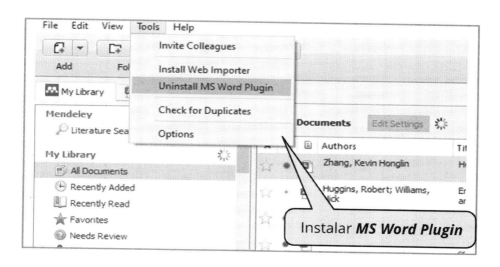

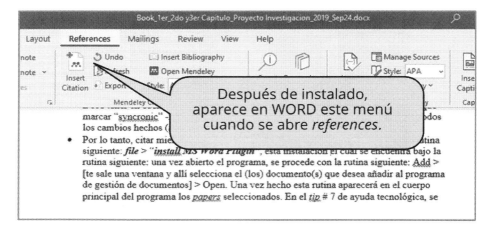

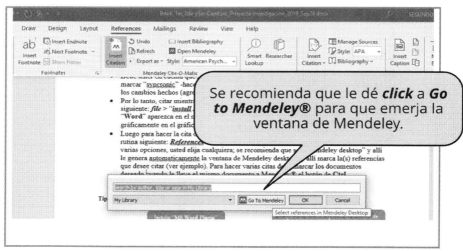

4.  Después de marcar las referencias seleccionadas, en la pantalla de Mendeley® en la parte superior, aparece un nuevo menú en el que se resalta entre comillas y en negritas la palabra "**cite**", y debe darle un *click* **allí,** tal como se puede apreciar en la gráfica de abajo. Finalmente, le sale la cita correctamente en el documento en Word que se viene trabajando.

5.  Es preciso indicar que Mendeley® trabaja un tipo de cita por *default*, pero usted puede editar dándole doble *click* en la cita y hacer las ediciones que requiera según el estilo

de citas de su preferencia, cuando escribe documentos (ver segunda gráfica del *tip* **de ayuda tecnológica** 10).

**Tip** **de ayuda tecnológica 10: Proceso para citar mientras se escribe usando "Mendeley" ®**

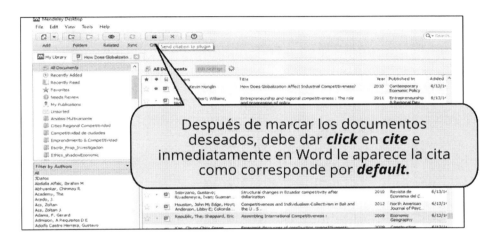

Después de marcar los documentos deseados, debe dar *click* en *cite* e inmediatamente en Word le aparece la cita como corresponde por *default.*

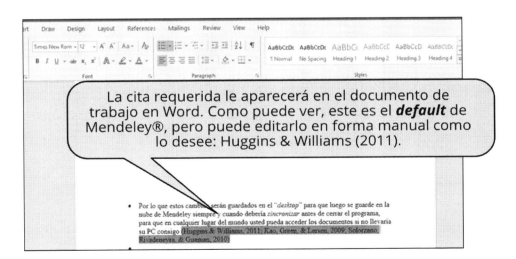

La cita requerida le aparecerá en el documento de trabajo en Word. Como puede ver, este es el *default* de Mendeley®, pero puede editarlo en forma manual como lo desee: Huggins & Williams (2011).

## C.5 HACER REFERENCIAS BIBLIOGRÁFICAS CON MENDELEY®

- Es necesario recomendar que debe hacer una revisión de la correspondencia entre cada documento cargado a partir de las bases de datos seleccionados y lo que Mendeley® pueda cargar a su base de datos; puesto que, como a veces los *paper*s vienen de diferentes bases de datos y algunos no guardan los *metadatos* que usa este programado, se tiene que hacer un proceso de revisión de calidad de cada uno de los documentos (antes de hacer las referencias y citas). Esto se logra de la siguiente manera:

- Primero debe marcar o seleccionar en la librería de Mendeley® cualquier documento deseado y abrirlo dándole doble ***click*** a este. Luego se abre el documento en su extensión y ahora se debe cerciorar si corresponde la descripción del documento con lo que tiene Mendeley® en la parte derecha superior del *desktop*. Si no es así debe hacer la corrección correspondiente en forma manual. Para tal fin se revisa que coincidan el título, los autores, el tipo de referencia (Mendeley® tiene un menú muy variado), el nombre de la fuente, las páginas, los años, el volumen, *issue* entre otros detalles. Después de finalizar las correcciones cuidadosamente, el programa lo guarda automáticamente marcando *todo lo modificado es correcto* (ver ejemplo).

- Luego se va a Mendeley® y se ajusta el estilo en que desea que aparezca la bibliografía, se va a seleccionar APA (2019) y después se regresa a Word. El cursor debe colocarlo en la página donde se colocarán las referencias y luego se procede con la rutina siguiente: ***Reference*s >*Insert Bibliograph*,** y automáticamente aparece en el documento de trabajo de Word, la bibliografía lista en el estilo seleccionado. Si usa después más referencias, la sección se actualiza de forma automática en su documento en Word. Esta es una ventaja muy significativa porque el actualizar las referencias a medida que se avanza el trabajo en forma manual, es muy agotador y complicado.

**Tip de ayuda tecnológica 11: Control de calidad de documentos: autor, revista, Tip o de documento, volumen, número, fecha, páginas y generación de bibliografía automática.**

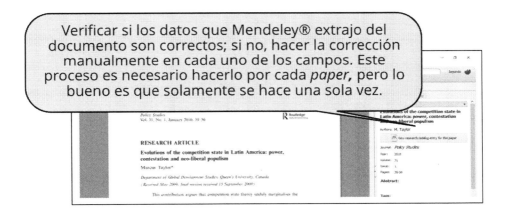

Verificar si los datos que Mendeley® extrajo del documento son correctos; si no, hacer la corrección manualmente en cada uno de los campos. Este proceso es necesario hacerlo por cada *paper*, pero lo bueno es que solamente se hace una sola vez.

## Generación de las referencias bibliográficas automáticamente en el estilo seleccionado

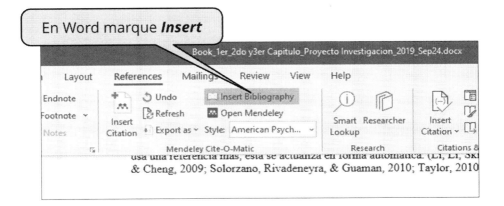

En Word marque *Insert*

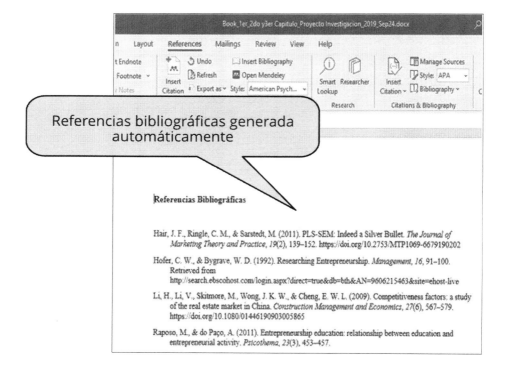

- A continuación, después de estas tres ayudas tecnológicas muy importantes que se han discutido previamente, se comienza a escribir el segundo capítulo de la propuesta de tesis bajo la recomendación siguiente:

*Nota 2: Los ejemplos que se presentan en el capítulo 2, que a continuación se pasan a describir, son solamente una guía. No se pretende que usted los copie, sino que le provean una ayuda de cómo debería escribirse., Usted mostrará aquí su sello o su estilo personal de autenticidad e ingenio en la escritura.*

# CAPÍTULO 2: REVISIÓN DE LITERATURA Y MARCO TEÓRICO PARA INVESTIGACIONES CUANTITATIVAS

Este capítulo debe tener varias secciones, y dado que el enfoque cuantitativo implica una secuencia de pasos secuenciales necesarios para la investigación, entonces se recomienda que cada sección se cubra con un subtítulo de segundo nivel, tal como se presenta a continuación con las siguientes secciones sugeridas.

## 2.1 Introducción

1. Como se recomendó previamente, la propuesta de investigación debe escribirse por secciones. La primera sección corresponde a la introducción del capítulo 2, en esta sección se debe escribir primero una ligera introducción que hable sobre las motivaciones que tiene usted para hacer la investigación mencionada, y hacer un repaso de los objetivos (o preguntas de investigación) que se intentan solucionar en este trabajo de investigación.

2. La descripción de los objetivos o preguntas de investigación no debe escribirse con numeraciones o *bullets*, sino deben estar en el texto a manera de una narrativa. Esta descripción puede tener varios párrafos, pero no se recomienda que cubra más de una página.

3. Al final, para terminar esta sección, se sugiere que debe escribir un párrafo o varios de ellos (si quiere ser muy explícito) en los que indique la estructura del capítulo 2, o el cómo está distribuido el capítulo. Se presenta a continuación el **ejemplo 17** que cubre las dos recomendaciones previas:

**Ejemplo 17: Introducción y estructura del segundo capítulo de la investigación**

### 2.1 *Introducción del capítulo 2*

*Este capítulo intenta describir en detalle el marco teórico del tema de esta investigación, el cual está relacionado con la economía informal o subterránea. Su naturaleza elusiva ha llevado al desarrollo de diversos instrumentos de medición y estimación, con el fin de poder cuantificar su tamaño y poder así compararle con el sector formal de la economía, entre otras cosas.*

*La complejidad que le caracteriza le ha llevado a ser objeto de muchos estudios a través de los años. Teniendo esto en mente, el presente trabajo tiene como propósitos ayudar a comprender mejor la presencia de la economía subterránea en Puerto Rico al estimar cuantitativamente el tamaño de esta, y producir data estadística material que ayude en el desarrollo de políticas económicas relacionadas con este tema en el país.*

*Para lograr esto, se pretende contestar las siguientes preguntas: ¿Qué elementos constituyen la actividad denominada subterránea en Puerto Rico?, ¿cuáles fueron los niveles de actividad económica subterránea en Puerto Rico entre los años 2007 al 2014? y ¿cuál fue el comportamiento de estos niveles de actividad económica subterránea entre los años 2007 al 2014? Con la finalidad de cubrir todos los conceptos y el desarrollo de este importante tema, este capítulo tiene la siguiente estructura: inicia explicando el concepto de economía subterránea, exponiendo brevemente diferentes definiciones popularmente aceptadas por los expertos en la materia, y presentando un breve trasfondo histórico del mismo. Luego se pasa a una sección en donde se expondrán diferentes enfoques teóricos en torno a los elementos causantes o responsables por la existencia de la economía subterránea, con énfasis en el contexto de Puerto Rico. Posteriormente, en una tercera sección se hablará sobre las diferentes metodologías existentes desarrolladas para medir o estimar este fenómeno*

> socio económico. Finalmente, este capítulo termina con una cuarta sección en donde se desarrollará en profundidad, en un enfoque más detallado, el tema del método de múltiples les indicadores, múltiples les causas (MIMIC), método que se estará empleando en este trabajo para estimar cuantitativamente el tamaño de la economía subterránea en Puerto Rico entre los años 2007 al 2014.
>
> (Medina, 2016)

## 2.2 SEGUNDA SECCIÓN DEL CAPÍTULO 2

1. A continuación, para este capítulo se recomienda que como subtítulos de primer nivel se debería trabajar sobre toda la revisión bibliográfica que ha encontrado relevante y que le sirva efectivamente a su tema principal de investigación en el proceso de ir construyendo sus conceptos teóricos.

2. Tenga en cuenta que en esta parte debe ir construyendo (como se construye una casa) poco a poco su teoría o propuesta teórica, que viene a ser la guía que le servirá como modelo para que encuentre los resultados más significativos de su trabajo. Por esa razón se recomienda que debe usar como primer título de primer nivel el **constructo principal** de su trabajo de investigación.

3. En este primer subtítulo debería considerar el utilizar todo lo relacionado con construir un buen conocimiento de su **constructo principal**, como: 1) revisión bibliográfica que cubra las definiciones o conceptos de este constructo; 2) antecedentes de esta variable, tanto en su país como en el mundo; 3) algunas evidencias concretas tales como leyes, estadísticas institucionales, notas periodísticas

actualizadas; 4) también se revisará y se escribirá sobre la naturaleza de los estudios de este tema, como teóricos clásicos, posturas teóricas básicas, teóricos que discrepen, etc.; 5) se debe cubrir la existencia de modelos de medición, si los hay; 6) la existencia de investigaciones relacionadas en las que se describa la población y la muestra usada en estos enfoques, lugares donde se han desarrollado estos estudios; 7) de ser el caso, se deben cubrir las prácticas profesionales e implicancias prácticas; y 8) no menos importante, la aportación de la crónica diaria y actualizada. Así sucesivamente se atiende el asunto hasta tener un amplio conocimiento del tema en toda su extensión.

4. En esta parte de la propuesta de investigación es altamente recomendable al menos cubrir el análisis crítico de un buen número de investigaciones. Se sugiere cubrir desde unos 25 a 35 artículos científicos o documentos revisados usando las citas correctas según el estilo de redacción de su institución (se recomienda que sea APA 2009 porque es el más usado), para que le dé mayor peso académico a su trabajo de investigación.

5. A continuación, se presenta el **ejemplo 18** donde se detallan los subtítulos de primer y segundo nivel que sobre el **tema principal** se sugiere cubrir. El ejemplo del MBA Julio Medina (2016) se ha tomado como referencia para el desarrollo de este libro, en particular el que trata sobre la **Economía subterránea en Puerto Rico.** Cabe mencionar que en muchas secciones se ha cortado parte del texto completo, para no hacer ejemplos muy largos y en su lugar se ha reemplazado por un corchete con tres puntos suspensivos, seguido por una ligera explicación que dice: […] [siguen las páginas necesarias], como indicativo de que se debe cubrir en extenso el tema.

## Ejemplo 18: Antecedentes del problema de investigación

### 2.1 Conceptualización de la economía subterránea

*Para poder cuantificar el tamaño de la economía subterránea en cualquier contexto, es menester comenzar por determinar qué es y cuáles son sus principales componentes. Jie, Tat, Rasli y Chye (2011) afirman que definir este fenómeno es un importante paso inicial al tratar de entender cómo esta mano invisible trabaja. No obstante, debido a su compleja naturaleza, esta es una tarea difícil. El principal problema al estudiar la economía informal es el cómo definirla (Sabra, Ahmad, & Rahman, 2015). La gran mayoría de los autores que tratan de medir la economía subterránea se enfrentan con el reto de precisar qué es este fenómeno (Schneider, Buehn, & Montenegro, 2010). A pesar de las dificultades que han surgido con los años al tratar de precisar con exactitud una definición concreta de este concepto, se han adoptado varias definiciones generales popularmente aceptadas por parte de los expertos en este tema para poder medirle,con el fin de poder definir y determinar cuáles son los elementos que constituyen la economía subterránea en Puerto Rico.*

#### 2.1.1 Trasfondo histórico
*Este concepto se originó en el tercer mundo, en un estudio llevado a cabo por el antropólogo Keith Hart del mercado laboral urbano en África, y publicado en un informe de la Oficina Internacional del Trabajo (OIT) alrededor del año 1970 (Portes & Haller, 2004) ......
[siguen las páginas necesarias]*

#### 2.1.2 Definiciones actuales de la economía subterránea
*Con el pasar de los años y a raíz de un sinnúmero de situaciones, la literatura relacionada a este tema fue aumentando considerablemente. Simultáneamente, surgieron diversas denominaciones por las cuales se conoce este tipo de actividad. Alguna de estas lo son:*

*economía informal, negra, subterránea, irregular, oculta, sumergida, no registrada, e invisible.*
*Una de las definiciones más utilizadas en el campo es la siguiente: la economía informal recoge toda actividad económica que contribuye al producto interno bruto, pero que en la actualidad no es registrada (Schneider & Enste, 2000) ... [siguen las páginas necesarias]*

## *2.2 Principales causas de la existencia y el desarrollo de la economía subterránea*
*La literatura referente a la economía subterránea es numerosa. En la gran mayoría se analizan y exponen las causas para que exista este **Tip** o de actividad... [siguen las páginas necesarias]*

### *2.2.1 Carga contributiva*
*A base de la naturaleza de este fenómeno y los enfoques adoptados por las personas al escoger entrar en este **Tip** o de actividad económica, esta es una de las causas más argumentadas por las autoridades en la materia. Schneider et al. (2010) exponen que, ... [siguen las páginas necesarias]*

### *2.2.2 Intensidad y estado de regulaciones*
*Otra de las causas principales para el desarrollo de la economía subterránea lo es el número y nivel de restricción de las regulaciones presentes en un país que rijan las actividades económicas formales. Schneider et al. (2010) señalan que estas regulaciones incluyen: ... [siguen las páginas necesarias]*

(Medina, 2016)


**Continuación del Ejemplo 18:**

### *2.2.3 Servicios por parte del sector público*
*Esta causa presenta un ciclo de consecuencias muy peligroso para las arcas nacionales. Schneider et al. (2010) presentan esta situación de la siguiente manera: el aumento de actividad económica informal*

lleva a ingresos nacionales reducidos. [ ...] [siguen las páginas necesarias]

### 2.2.4 Principales causas de la economía subterránea en Puerto Rico

En un estudio sometido al Banco Gubernamental de Fomento, Estudios Técnicos, Inc. (2010) expresó que como principales causas de la economía subterránea en Puerto Rico se analizan los aspectos de evasión contributiva, participación laboral y desempleo. [ ...] [siguen las páginas necesarias]

### 2.3 Metodologías desarrolladas para estimar la economía subterránea

A lo largo de los planteamientos efectuados sobre este tema, se puede observar que la economía subterránea, por su naturaleza, es un fenómeno de difícil percepción. Debido al hecho de que este **Tip** o de actividad hace un esfuerzo consciente de operar fuera de los registros nacionales, presenta un reto medirle con exactitud. [...] [siguen las páginas necesarias]

### 2.3.1 Enfoque directo

También conocido como enfoque microeconómico. Aguilar y Sarmiento (2009) afirman: "[Estos] se basan en la obtención de información de manera directa de los agentes económicos acerca de los cuales se quiere conocer su comportamiento" (p.48). Los métodos cobijados bajo este enfoque se valen de instrumentos de primera mano para, de forma directa, cuantificar la actividad económica subterránea en un contexto específico. [...] [siguen las páginas necesarias]

### 2.3.2 Enfoque indirecto

Los métodos relacionados a este enfoque son conocidos como métodos macroeconómicos o de enfoques de indicador. "Se caracterizan por un análisis de los diferenciales entre lo que podría considerarse normal en una economía y lo que realmente se observa con respecto a gastos, empleo y el uso del dinero" (Anghel & Vázquez, 2010, p.20). [ ...] [siguen las páginas necesarias]

### 2.3.4 Método de la demanda de circulante

*También conocido como el método de la demanda de efectivo. "Se basa en la idea simple de que los agentes económicos, formales e informales, realizan sus transacciones utilizando circulante" (Aguilar & Sarmiento, 2009, p.49). [ …] [siguen las páginas necesarias]*

### 2.4 Método múltiple indicadores-múltiples causas (MIMIC)

*El fenómeno de la economía subterránea es verdaderamente complejo. Como se ha podido apreciar a través de este trabajo, son diversos los efectos que puede tener en el medio ambiente socioeconómico de un país. […] [siguen las páginas necesarias]*
*[debería hacer uso de tablas o gráficas relevantes en esta parte, como lo que se presenta]*

(Medina 2016)

Tabla 1: Métodos utilizados para estimar la economía subterránea en Puerto Rico a través de los años

| Método(s) | Descripción | Año de estudio | Autor(es) | Año bajo estudio | Estimado (miles de millones) | Como Porciento de PIB |
|---|---|---|---|---|---|---|
| Estimación y comparación entre EU y Puerto Rico | Proporción del PNB en tres escenarios. | 1984 | John Stewart | 1981 | $1.5 | 12.7% |
| Brecha de Ingreso | Ingreso contributivo no reportado en función al Ingreso personal ajustado. | 1987 | Booz-Allen y Hamilton | 1984 | $2.5 | 17.6% |
| Metodología alterna desarrollada por el autor y Gutmann (basado en Fuerza Trabajadora) | A) Contribuyentes registrados que no tributan e Ingreso total producido. B) Ajuste de tasa oficial de desempleo. | 1989 | José E. Benítez | 1984 | $2.9 | 20.4% |
| Brecha de Ingreso y Método Leeuw | A) Ingreso sujeto a contribución no reportado. B) Estimación economía subterránea legal. | 1994 | Toledo y Camacho | 1976 | $2.2 | 28.9% |

6. Además de lo expuesto, se recomienda que la construcción teórica (constructo) del tema de su investigación debe conceptualizarse tal como lo recomiendan Taboada & Guthrie (2005), quienes afirman que este proceso tiene la equivalencia de un nicho teórico, porque su lectura satisface a ciertos individuos que tienen características particulares en común, de tal modo que los lectores de ese nicho se

compenetran en actividades de lectura dentro de ese nicho teórico en particular. Taboada & Guthrie (2005) se inspiran en la ecología, para la que un nicho es un lugar en el cual cierto tipos de organismos prosperan mediante la obtención de nutrientes, protección y oportunidades de reproducción, crecimiento, desarrollo y regeneración. Por eso, la parte de construcción de revisión de literatura se tiene que nutrir, crecer y desarrollarse buscando sus nutrientes más adecuados para prosperar, tal como se presenta en la **gráfica 14** siguiente:

**Grafica 15: Nicho, nutrición, crecimiento y desarrollo del constructo sobre el tema de interés científico**

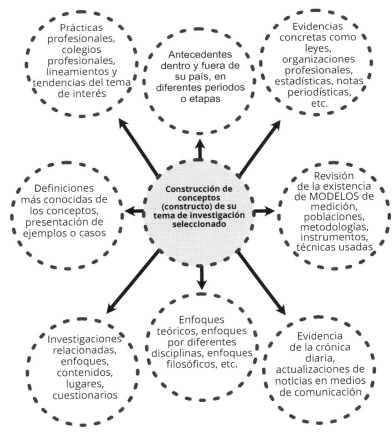

Elaboración propia
Fuentes: Taboada & Guthrie (2005) y Castro-Gonzáles (2019)

7.Algunas recomendaciones prácticas cuando se está escribiendo el segundo capítulo se presenta a continuación:

7.1 Organice en párrafos o apartados temáticos, *usando preferiblemente subtítulos de segundo y tercer nivel, los aspectos estructurales* que usted decidió manejar (todo depende del tema y las preguntas u objetivos de investigación).

7.2 Utilice como refuerzo argumental gráficas, tablas, o análisis estadísticos, entre otros, para resumir, explicar o ampliar un asunto, según sea el caso. Siempre debe tener en cuenta que **no** debe desviarse de la línea de argumentación que usted lleva; en otras palabras, debe siempre seguir el *hilo conductivo de narración*, usando conectores.

7.3 Finalmente, no dependa de uno o pocos libros solamente, debería usar revistas e investigaciones publicadas (*papers*). Se recomienda que las referencias sean lo más cercanas al año en que usted realiza la investigación (no deben excederse de 5 años), pero siempre en mayor proporción deben ser cercanos al año que se trabaja la investigación. Finalmente, **no** abuse de las fuentes secundarias.

Es preciso indicar que existen ciertas guías teóricas que se deben tener en cuenta en esta parte del desarrollo de la escritura del capítulo 2 y que a continuación se detallan:

8.Debe argumentar sus análisis con coherencia. Para tal efecto se recomienda cuidar y tener siempre **unidad de sentido** en el texto. Por tal razón existen unas reglas básicas de redacción científica propuestas por Charolles (1991), descritas a continuación:

**8.1 Regla de repetición:** Nos asegura que se mantengan unos referentes teóricos básicos.

**8.2 Regla de progresión:** Nos permite que se avance en el tratamiento de los temas o que se cambie de tema; es decir, tener un sentido dinámico en la escritura.

**8.3 Regla de no contradicción:** Con esta regla, se evita la aparición de elementos contradictorios no controlados.

**8.4 Regla de relación:** Permite conectar el contenido del texto con un mundo real o imaginario en el que dicho contenido cobra sentido.

## 3.3 TERCERA SECCIÓN DEL CAPÍTULO 2: MARCO TEÓRICO

1. El marco teórico de un trabajo de investigación cuantitativa viene a ser la parte más importante de la investigación; es el proceso de culminación en una o varias teorías y métodos que ayudarán a resolver los problemas de investigación a lo largo de los sucesivos pasos. Por tal razón en este proceso podemos encontrar varias situaciones:

   a. que el investigador genere un nuevo modelo a partir de algunas teorías publicadas previamente; si genera o propone un nuevo modelo tiene que diseñar también el instrumento de recolección de datos. Si es a partir de datos primarios, entonces debe diseñar el cuestionario o usar una adaptación de algunos cuestionarios ya publicados, pero que tengan la autorización correspondiente del autor (si los datos provienen de fuente secundaria, debería identificar la misma y los indicadores a usar); y

   b. que el estudiante adopte tal como está la teoría o teorías que guiarán los siguientes procesos de su investigación; en este caso también debe asegurarse de que el instrumento para recolección de datos sea del

autor que adopta como teoría principal con su
correspondiente permiso del autor (o autores).

4.  Cualquiera que fuere el caso, se presenta a continuación el
    detalle de cómo debe abordarse cada una de estas dos
    opciones.

## 2.3.1 CUANDO EN EL MARCO TEÓRICO SE PROPONE Y CONSTRUYE UN MODELO PROPIO

1.  Esta es la sección más importante y culminante de su
    exhaustiva revisión de literatura. En este apartado debe
    seleccionar un teórico o teóricos que le guíen, mediante
    situaciones específicas, a solucionar sus preguntas de
    investigación.

2.  Se consideran situaciones específicas de su trabajo, porque
    puede ser un(os) teórico (s) que le sirvió para construir -si
    acaso- alguna propuesta o algún modelo propio para
    solucionar sus objetivos de investigación y el modelo
    propuesto; por lo tanto, puede surgir de la fusión de dos o
    más teorías que han servido de apoyo teórico al tema
    particular de su investigación. Cuando se hace este tipo de
    propuesta en donde se plantea un modelo teórico propio,
    debería ilustrar con más detalles, usando una gráfica que
    ayude a entender al lector sobre los teóricos que le han
    ayudado a construir su modelo. El ejemplo de este caso
    corresponde a Ríos (2018), el cual se detalla seguidamente.

**Ejemplo 19: Marco teórico cuando se construye su propio
modelo para la investigación**

**2.4 Marco Teórico**
    *Luego de revisar la literatura existente, tanto a
nivel local como internacional, referente al tema de la
espiritualidad expresada en el área de trabajo, así
como los factores que inciden en su práctica en la*

*industria al detal y el servicio al cliente, se procede a adoptar un marco teórico que sirva de guía para encaminar la investigación y generar o adoptar el instrumento adecuado para la recolección y análisis de los datos. Según se concluye, a base de la opinión y los trabajos de los autores consultados, la espiritualidad es un fenómeno que va en ascenso, siendo cada vez más los trabajos académicos y profesionales que surgen del estudio y la discusión sobre este tema. ... [siguen más páginas explicativas de tres modelos usados por teóricos previos, para construir su marco teórico mediante un modelo propuesto]*

*Con el propósito de completar este estudio y contestar las preguntas de investigación, se realizó una adaptación al modelo presentado anteriormente, y se propone el siguiente modelo, el cual sirve para explicar el concepto de espiritualidad en el trabajo y su efecto en la satisfacción, productividad y compromiso de los empleados, y en su percepción de la satisfacción y lealtad de los clientes. Con este modelo se pretende analizar el efecto que tiene la espiritualidad expresada en el área laboral en cuanto a la calidad del servicio interno, así como en la percepción de los empleados acerca del valor del servicio externo. El modelo incluye los elementos de espiritualidad en el trabajo: optimismo, disfrute, integridad, trascendencia, respeto a la diversidad, sentido de la comunidad, y armonía consigo mismo y con el entorno (ver ilustración 1).*

(Ríos 2018)

**Ilustración 1: Modelo causal de espiritualidad en el trabajo**

(Ríos 2018)

## 2.3.2 CUANDO SE USA UNO O VARIOS MODELOS SIN MODIFICACIÓN TEÓRICA (ADAPTACIÓN/APLICACIÓN AL LUGAR Y ESPACIO)

1. En este caso, si es que se usará(n) un(os) referente(s) teórico(s) del (de lo) cual(es) el investigador replicará sin modificación su modelo teórico, o lo(s) modificará en su investigación; en donde incluso se usarán los instrumentos de medición de estos autores-, se recurre a describir en detalle toda la teoría relevante y útil que será necesaria para solucionar las preguntas de investigación planteadas en el primer capítulo.

2. En esta parte del marco teórico se deben analizar crítica y detalladamente a estos teóricos guías, cubriendo temas

como: el lugar donde fue realizado el trabajo, el contexto; se describen los constructos que usó, si hay algunas variables usadas y cómo estas se operaron mediante los indicadores requeridos, y se presentan- de ser necesarias- unas gráficas o ejemplos de los modelos e instrumentos validados que fueron usados. El **ejemplo 19** mostrado más adelante, es idóneo para ilustrar estos casos en particular, tal como lo empleó Rivera (2018) en su trabajo de investigación sobre los efectos que tenía el clima organizacional sobre la satisfacción y el desempeño de laborales.

3. Finalmente, con esta parte del marco teórico, se debe concluir este importante capítulo, haciendo una diferencia marcada entre ambos: revisión de literatura y marco teórico. Partiremos indicando que *ambos no son iguales*, pero sí que el marco teórico se nutre ávidamente de la revisión de literatura, porque viene a ser una selección muy específica y dirigida de ésta; porque el marco teórico es la herramienta académica que va a guiar los siguientes pasos de la investigación y a la vez es una selección de efectividad y operacionalización. De aquí se obtienen las variables, los indicadores y los instrumentos, así como el método que se usará para solucionar las preguntas de investigación propuestas en el capítulo 1.

## Ejemplo 20: Marco teórico cuando se utilizan modelos de teóricos y sus respectivos instrumentos de medición

### 2.5.1 Marco teórico

*Las investigaciones sobre los estudios del clima organizacional han propuesto algunos modelos explicativos que sirven de referencia para comprender los elementos que impactan este constructo y la relación que guardan dentro de una organización. Estos modelos fungen como referencia debido a su complejidad y la interacción que se da con diversos factores organizativos. Por ende, es sumamente importante reconocer que los modelos representan esa herramienta para poder comprender mejor las variables de estudio... [siguen más páginas donde se habla de cada uno de los teóricos analizados que guían a solucionar sus problemas de investigación]*

*.... A continuación se presenta el modelo que se estará utilizando para propósitos de este estudio, para la explicación del clima, ya que permite conocer y comprender los factores inmersos en el clima como lo son: la estructura, la responsabilidad, las relaciones, los estándares, las recompensas y la identidad, que al ser evaluados se mide la forma como es percibida la organización por los empleados que la conforman, lo cual permite a su vez determinar el comportamiento de estos en función de la satisfacción laboral y desempeño laboral de la organización (ver ilustración 2).*

(Ríos 2018)

**Ilustración 2: Marco Teórico para la medición del clima organizacional con respeto a la satisfacción laboral y el desempeño laboral**

**DIMENSIONES DEL CLIMA ORGANIZACIONAL (STRINGER, 2001)**
A. Estructura
B. Responsabilidad
C. Relaciones
D. Estándares
E. Recompensas
F. Identidad

**SATISFACCIÓN LABORAL (ROBBINS 2001)**
A. Autonomía
B. Recompensas
C. Trabajo en equipo entre líderes y compañeros de trabajo
D. Ambiente de trabajo

**DESEMPEÑO LABORAL (SOEDJONO 2005)**
A. Calidad
B. Compromiso
C. Independencia
D. Responsabilidad

Elaboración propia (Ríos 2018)

# CAPÍTULO 2: REVISIÓN DE LITERATURA Y MARCO TEÓRICO PARA INVESTIGACIONES CUALITATIVAS

- Este capítulo, al igual que en las investigaciones cuantitativas, debería tener las mismas secciones que se plantean en este apartado. Pero dado que en el enfoque cualitativo el proceso investigativo no es lineal ni secuencial, entonces se debe tener en cuenta que en este capítulo la escritura debería irse construyendo sobre la base de las secciones discutidas anteriormente. Sin embargo, el investigador no debe olvidar que los constructos que se deben cubrir o considerar son no recurrentes y son de naturaleza interactiva.

- Por tales razones los temas se deben cubrir con mayor libertad y a medida que se avanza en el trabajo, la investigación se enriquece o se alinea con lo que se va encontrando el investigador cuando logra una inmersión en el campo o ambiente de estudio. Es decir, el proceso de la revisión bibliográfica se va a ajustando a los hallazgos, las iteraciones de estudios y ajustes que el mismo trabajo requiere.

- Se debe tener también en cuenta que en los estudios cualitativos se revisa la literatura, aunque al inicio se realiza menos intensivamente que en la investigación cuantitativa. Sin embargo, la revisión de literatura es útil tal como lo sostiene Hernández, et al. (2016), para: a) detectar conceptos claves que no habíamos pensado, b) nutrir al investigador de ideas en cuanto a métodos de recolección de datos y análisis, respecto a cómo les han servido a otros, c) tener en mente los errores que otros han cometido anteriormente, d) conocer diferentes maneras de pensar y abordar el planteamiento y, finalmente, e) mejorar el entendimiento de los datos y profundizar las interpretaciones.

- Sin embargo, se debe tener presente que para su escritura el segundo capítulo de una investigación cualitativa debe mantener la estructura de los trabajos cuantitativos- con la recomendación de que, si se encuentra alguna modificación o ajuste, el autor debe sentirse en la libertad de modificar lo planteado inicialmente.

- Por lo expuesto, esta parte también debe tener varias secciones, y se recomienda que cada sección se cubra con un subtítulo de segundo nivel, tal como se presenta a continuación con las siguientes secciones sugeridas.

## 2.1 (Q) INTRODUCCIÓN

1.  La primera sección corresponde a la introducción del capítulo 2.  En esta sección se debe escribir una ligera introducción sobre las motivaciones que tiene el investigador para hacer la mencionada investigación, y nuevamente repasar dentro del texto los objetivos (o preguntas de investigación) que se intentan solucionar en este trabajo de investigación.

2.  La descripción de los objetivos o preguntas de investigación no debe escribirse con numeraciones o *bullets*, sino que debe presentarse en el texto a manera de una narrativa. Esta descripción puede tener varios párrafos, pero no se recomienda que abarque más de una página.

3.  Al final, para terminar esta sección introductoria, se sugiere que debe escribir un párrafo o varios de ellos (si quiere ser muy explícito) en donde indique la estructura del capítulo 2 o cómo está distribuido el capítulo. Se recomienda que verifique el **ejemplo 9** que ilustra las dos recomendaciones dadas.

## 2.2 (Q) SIGUIENTES SECCIONES DEL CAPÍTULO 2 PARA

## TRABAJOS CUALITATIVOS

1.  En esta parte se recomienda que el tesista mantenga el formato de las investigaciones cuantitativas, teniendo presente que para los trabajos cualitativos el número de análisis críticos sobre las referencias que le ayudan a construir su constructo disminuye en cantidad con respecto al enfoque cuantitativo, porque esta parte se va construyendo a medida que el proceso de inmersión del investigador se realiza. En otras palabras, la cantidad de literatura que se revisa y citará es numéricamente menor que la cuantitativa.

2.  En esta etapa del estudio es recomendable recurrir a ciertos datos cuantitativos o tablas recopiladas previamente que ayudan a reforzar la justificación del trabajo y que permiten documentar el mismo. A continuación, se presenta cómo se deberían utilizar los datos cuantitativos a partir del ejemplo usado para la definición del problema de investigación en trabajos cualitativos, desarrollado en el **ejemplo 16**: *¿Cuáles son las motivaciones que tienen los integrantes y directores de las bandas de músicos tradicionales para integrar y fundar una banda de músicos tradicional en el distrito de Otuzco, Perú, y qué los convierte en emprendedores culturales del país?*

3.  Ante este problema sería de mucha utilidad conocer, si es que se analiza con ayuda de datos cuantitativos, el número de las bandas musicales tradicionales que existen en los pueblos que tienen una población similar que Otuzco, Perú o la cantidad de jóvenes músicos que tiene la ciudad de Otuzco, Perú en relación con otras ciudades similares, o las tasas de bandas y el total de población de al menos tres o cuatro ciudades similares del norte peruano. Estas cifras comentadas le darán más peso a la justificación del trabajo.

4.  La revisión de la literatura para trabajos cualitativos sirve al investigador para reforzar el planteamiento del problema

cualitativo, ya que esta no solo se circunscribe a una simple revisión de referencias.  Por lo tanto, el papel de la revisión de literatura en estos trabajos es mayormente de apoyo y consulta (Hernández, et al. 2016).

5.    Escribir la revisión de literatura en un trabajo cualitativo sirve de ayuda en el proceso interactivo en el cual se entremezcla el proceso de la recolección de datos con el ambiente que se estudia; y el análisis que haga el estudiante se apoya en la bibliografía para reforzar lo que se está encontrando en ese proceso de inmersión investigativa.

6.    Por otra parte, se debe tener en cuenta que las investigaciones cualitativas son interpretativas, puesto que el investigador hace su particular y propia descripción y valoración, basándose en ciertas circunstancias de la bibliografía encontrada.

7.    Por último, es importante considerar que las hipótesis en estos trabajos cualitativos no se establecen al inicio de la investigación, sino que se van desarrollando y consolidando (o tomando forma) a lo largo del proceso de investigación. En otras palabras, las hipótesis de trabajo se van afinando según avanza el proceso de inmersión e investigación.

8.    A continuación, se presentan en la siguiente tabla las diferencias que existen en la revisión de literatura entre los trabajos cuantitativos y cualitativos.

## Tabla 2: Comparación del planteamiento del problema de investigaciones y sus elementos para enfoques cuantitativos y cualitativos

| Revisión de literatura para investigaciones cuantitativas | Revisión de literatura para investigaciones cualitativas |
|---|---|
| • **La cantidad** de referencias bibliográficas y las citas que se usan al inicio de la investigación son <u>sustancialmente numerosas</u>. Estas son la base para los siguientes pasos en el proceso de investigación. | • **La cantidad** de referencias bibliográficas y las citas al inicio de la investigación cualitativa es mediana, por lo que esta revisión se nutre de la información que se recoge de los participantes del estudio en el proceso de inmersión. |
| • Las **funciones** que cumple la revisión de literatura al inicio del estudio es de mucha relevancia, puesto que direcciona en forma lógica y racional el estudio. Sirve para definir el planteamiento del trabajo y también para definir la hipótesis de investigación (si aplica). | • Las **funciones** que cumple la revisión de literatura al inicio del estudio es de apoyo y auxilia algunas definiciones. También ayuda a potenciar la justificación del estudio y permite hacer la documentación de la necesidad del trabajo de investigación en curso. |
| • Las **funciones** que tiene la revisión de literatura al final del trabajo permiten confirmar o contrastar las predicciones o estimaciones que se han hecho a partir de la revisión de literatura. | • Las **funciones** que tiene la revisión de literatura al final del trabajo permiten solo tener referencias con las cuales se pueda contrastar o confirmar los resultados que ayudan a formar los criterios del investigador y sus particulares puntos de vista. |

Elaboración propia
Fuentes: Hernández, et al. (2016) & Castro-Gonzáles (2019b)

# RECOMENDACIONES PREVIAS E IMPORTANTES ANTES DE ESCRIBIR EL CAPÍTULO 3

- Antes de empezar las recomendaciones de cómo escribir el tercer capítulo, es necesario abordar varios asuntos que nutren y enriquecen este capítulo (el último de la propuesta de investigación) para que se produzca una buena redacción. Por tal razón, tal como lo establece Lerma (2016), este capítulo tiene como fin establecer el cómo se va a llevar a cabo la investigación para aterrizar a buen puerto. Por lo tanto, en esta parte se diseña detalladamente la estrategia para obtener la información, para obtener los datos, las técnicas que se usarán y las actividades pertinentes para encontrar la respuesta adecuada a los objetivos o preguntas propuestas.

- Por lo tanto, este capítulo debe cubrir todos los elementos principales que se deben tener en cuenta para completar la investigación en el siguiente periodo de estudio. Es decir, se debe cubrir lo siguiente:

  a. Enfoque de la investigación
  b. Alcance o *Tip* o de la investigación
  c. Unidad de análisis, población y muestra
  d. Las variables y sus definiciones conceptuales, dimensiones operacionales y sus indicadores que miden estas variables
  e. Las hipótesis (si aplican), tanto la nula como la alterna
  f. Las fuentes de información (si son primarias o secundarias)
  g. Las técnicas o instrumentos de recolección de datos
  h. Las técnicas para analizar los datos obtenidos
  i. Los procedimientos que se requieren para concluir la investigación, que incluyen:

      i.  *La fase administrativa*, que implica los permisos, consentimientos, IRB, etc.
      ii. *La fase de instrumentación*; que implica cómo y dónde

se hace la investigación, protocolos, preguntas de las encuestas, descripción del instrumento, etc.

*iii. La fase procesal,* que implica que si es una investigación con seres humanos no se puede iniciar si no se tiene el VB y la autorización de la Oficina de Cumplimientos de su universidad, además de cómo se administrará el instrumento y los permisos o traducciones que se requieren.

*iv. La fase de análisis,* en la cual se debe considerar el cómo se harán los análisis, los métodos que se emplearán para hacer el análisis de datos, el programa estadístico, etc.

• Para evitar la confusión natural con todos los conceptos y temas que se han descrito anteriormente, el autor presenta en las tablas **3, 4 y 5** las relaciones y diferencias que existen entre métodos de investigación, tipos de investigación, diseños de investigación y técnicas de recolección de datos.

## Tabla 3: Relación entre el enfoque, alcance o tipo e hipótesis de investigación

| Enfoque o métodos de investigación | Alcances o tipos de investigación | Hipótesis de investigación |
|---|---|---|
| Cuantitativo | o Exploratorio<br>o Descriptivo<br>o Correlacional<br>o Explicativo | o No lleva<br>o A veces<br><br>o Necesariamente |
| Cualitativo | o Exploratorio<br>o Descriptivo<br>o Explicativo<br>o Teoría fundamentada<br>o Historias de vida familiar<br>o Biográficos.<br>o Grupo de enfoque<br>o Comprensivo<br>o Evaluativo<br>o Acción participativa<br>o Estudios de casos<br>o Etnográfico, entre otros | Al inicio las hipótesis se establecen *incipientemente*; luego se *desarrollan, maduran, toman forma* en el proceso y *se consolidan.* Son de naturaleza concluyente al final de la investigación. |
| Mixto | Combinación de alguna de las anteriores | A criterio del investigador |

Elaboración propia
Fuentes: Lerma (2016) & Castro-Gonzáles (2019c)

**Tabla 4: Diseños e investigación**

| Diseños de investigación | |
|---|---|
| **Diseños de investigación** | o Experimental |
| | o Cuasi experimental |
| | o No experimental |

Elaboración propia
Fuentes: Lerma (2016) & Castro-Gonzáles (2019c)

**Tabla 5: Fuentes de datos, técnicas e instrumentos usados para obtener datos para la investigación**

| Fuentes de datos | Técnicas para obtener datos | Instrumentos que ayudan a obtener datos |
|---|---|---|
| **1- Datos primarios** | **Observación** | **o Diarios de campo** |
| | o Participantes | **o Notas de campo** |
| | o No participantes | |
| | **Cuestionarios** | **o Encuestas** |
| | o Preguntas abiertas | o Cuestionarios validados de otros autores, requieren autorización previa de los autores. |
| | o Preguntas cerradas | |
| | o Preguntas con escalas | |
| | **Entrevistas** | |
| | o Estructuradas | |
| | o Semiestructuradas | o Cuestionarios elaborados por el investigador, requieren un proceso de validación: en primer lugar, se debe tener una validación por parte de expertos en el tema de investigación y luego se necesita una validación estadística. |
| | o A profundidad | |
| | **Grupo focal** | |
| | o Estructurado | |
| | o Semiestructurado | |
| **2- Datos secundarios** | **Datos internos** | |
| | o Disponibles dentro de la organización | |
| | o Datos contables, financieros | |
| | o Informes varios | |
| | o Recursos humanos, etc. | |
| | **Creciente disponibilidad de datos secundarios externos** | |
| | o Organismos de gobiernos, ministerios, regiones, etc. | |
| | o Censos, estadísticas institucionales, académicas, etc. | |
| | o Estudios del Gobierno, Asociaciones profesionales, centros de investigaciones locales, regionales o nacionales. | |
| | o Libros de datos estadísticos, Anuarios de organizaciones académicas, profesionales, etc. | |
| | o La creciente información de *Big Data* de las empresas y de organizaciones no gubernamentales o institucionales. | |
| | o Bases electrónicas de datos del BM, FMI, BD, BID, ONU, CIA, etc. | |

Elaboración propia
Fuentes: Lerma (2016) & Castro-Gonzáles (2019c)

- Por todas las razones expresadas previamente, para las investigaciones cuantitativas y mixtas, como herramienta de ayuda, este autor recomienda que antes de redactar el tercer capítulo, se preparen unas tablas en Excel que permitan facilitar su escritura a los estudiantes de bachillerato y maestría – eventualmente de doctorado-.

- Por esta razón, se sugiere resumir y presentar en un solo lienzo todos los temas y subtemas que incluye el **capítulo 3**. Por lo tanto, si el estudiante se ayuda con las tablas y sugerencias que se detallan seguidamente en los segmentos A, B y C, tendrá un panorama más claro para poder desarrollar y escribir sin problemas este capítulo. Este capítulo tiene que ver con la planificación de la ejecución de su investigación para el siguiente periodo de estudio, que son los dos capítulos restantes para concluir la investigación (tesis o proyecto de investigación): el capítulo 4: resultados y análisis de resultados y capítulo 5: conclusiones y limitaciones.

## A. ¿CÓMO HACER TABLAS ESTILO APA (2019) EN EXCEL?

- Para hacer tablas adecuadas al formato que se está trabajando, que coincidan con el estilo de escritura recomendado (APA), y seguir los pasos requeridos para prepararlas correctamente en Excel, se sugiere leer el *Tip* **de ayuda tecnológica 12** que a continuación se detalla.

**Tip de ayuda tecnológica 12: Proceso para hacer tablas estilo APA (2019) y pasarlas al documento en WORD**

**Proceso para hacer las tablas en *excel Tip* o APA (2019) y pasarlas a WORD**

Debe que abrir el software Excel e iniciar a trabajar en una primera hoja de trabajo.Antes debe ajustar el estilo de letra y el tamaño (*Size*) de la fuente. Se recomienda que sea T*times New*

*Roman*, *Size* 10, tanto el texto interior como exterior. En la parte inferior se presenta la gráfica # 17 que ilustra este proceso.

Luego debe hacer el *setting* para que se escriban las preguntas de investigación, las mismas deben estar   alineadas a la izquierda, centralizadas y bajo la modalidad de *Wrap Text*, comando que permite dividir el texto de acuerdo con el ancho de las celdas unificadas y seleccionadas para tal fin. A continuación, se utilizan las filas necesarias para escribir la pregunta completa y se asegura de que tenga los comandos marcados: *Merge&Center* > "*Wrap Text*. Para que el texto se ubique en el centro, se marca *Center*, tal como se presenta en la **figura # 18.**

Posteriormente, para las otras columnas se recomienda que se haga el mismo *setting* que se hizo en el párrafo anterior, de tal manera que el texto que va adentro de la tabla esté listo para escribir correctamente.

Una vez que se hace la tabla correspondiente, tal como se presenta en la **gráfica # 19**, se eliminan los bordes que por defecto aparecen en una tabla en Excel.  Para eso se sombrea toda la tabla y se va a *Fill Color* y se selecciona el color *White* para que cuando se pase a Word aparezca sin bordes.  Entonces solo falta marcar los bordes de la tabla y realizar los alineamientos de las columnas que recomienda APA (2019).  Para tal fin solo van con líneas de bordes el título y al final de la tabla, la línea inferior.  Para este objetivo se hace la rutina siguiente: se sombrean los títulos que deben ir en *bold*, luego se marcan los bordes superiores e inferiores, tal como se presenta en la **figura 20** de abajo, según la rutina siguiente:  sombrear el título y marcar *Border* > *Bottom Border* > *Top Border*.

Luego, para pasar la tabla completa a Word, se debe sombrear la tabla y hacer la siguiente rutina: *Copy* > en Word se ubica dónde debe ir la tabla y se va al menú de *Paste* > *Paste Special* > *Link & Keep Source* para poder mantener la posibilidad de hacer correcciones en el documento sin volver a hacerlo en Excel y luego en Word, que sería un proceso muy oneroso de tiempo. (ota a veces la gráfica es muy grande, entonces se usa el modo de paste como *Picture* para poder justar el tamaño disponible en Word).

Finalmente, para hacer el proceso de corrección de cualquier error ortográfico que en Excel no se pudo hacer porque los acentos, por ejemplo, no los tiene como comando Excel, se va a la rutina siguiente: Se sombrea todo el texto del documento  y se completa el siguiente proceso: *Review > Language > Set Profit Language > Spanish Traditional Sort* (ver **gráfica 22**).

**Gráfica 16**
**Preparación de letras y fuente de letras en Excel**

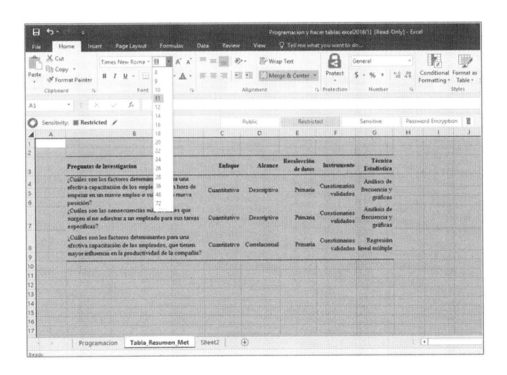

**Gráfica 17**
**Preparación de letras y fuente de letras en Excel**

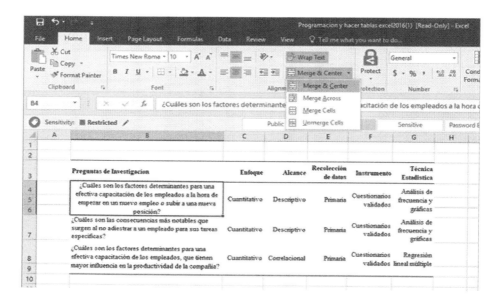

**Gráfica 18**
**Eliminar bordes que aparecen por defecto en Excel**

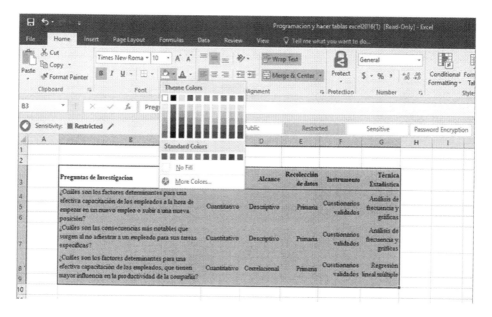

**Gráfica 19**
**Eliminar bordes que aparecen por defecto en Excel**

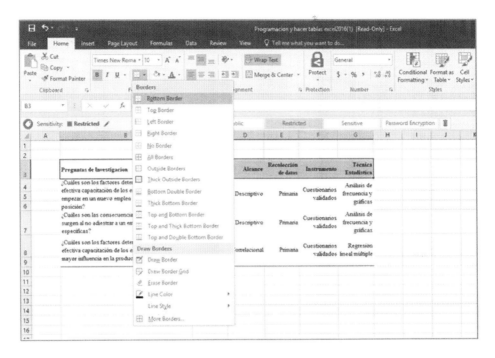

**Gráfica 20**
**Preparación de letras y fuente de letras en Excel**

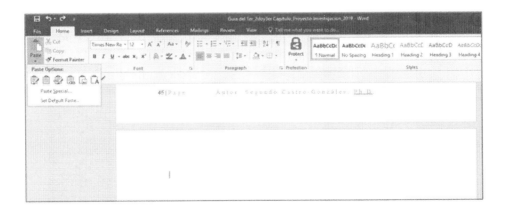

**Gráfica 21**
**Preparación de letras y fuente de letras en Excel**

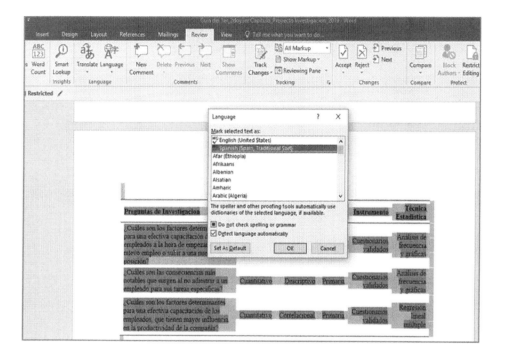

# B. TRES TABLAS BÁSICAS QUE AYUDARÁN MUCHO PARA LA ELABORACIÓN DEL CAPÍTULO 3

- Después del ejercicio de cómo hacer tablas en Excel en estilo APA (2019), se recomienda que el estudiante trabaje con una ayuda básica para tener una planificación detallada de sus siguientes pasos en el proceso de la investigación. Al menos el tesista, debería hacer las siguientes tres tablas que figuran a continuación, porque le serán de mucha ayuda para la escritura del tercer capítulo.

- La **tabla 6** es quizá la más importante, puesto que le define casi todo el tercer capítulo. El proceso de escribir esta parte en el documento en Word consiste en describir extensamente, utilizando citas bibliográficas, cada una de las columnas que se presentan en la tabla sugerida a continuación.

## Tabla 6: Resumen de la metodología que se usará en la investigación

| Preguntas de investigación | Enfoque | Alcance | Base de datos | Instrumento para recoger datos | Técnica de análisis |
|---|---|---|---|---|---|
| ¿Cuáles son los factores determinantes para una efectiva capacitación de los empleados a la hora de empezar en un nuevo empleo o ascender a un nuevo puesto? | Cuantitativo | Descriptivo | Primaria | Cuestionarios validados | Análisis de frecuencia y gráficas |
| ¿Cuáles son las consecuencias más notables que surgen al no adiestrar a un empleado para sus tareas específicas? | Cualitativo | Descriptivo | Secundaria | Revisión bibliografía sistematizada | Análisis de contenido |
| ¿Cuáles son los factores determinantes para una efectiva capacitación de los empleados, que tienen mayor influencia en la productividad de la compañía? | Cuantitativo | Correlacional | Primaria | Cuestionarios validados | Regresión lineal múltiple |

Elaboración propia
Fuente: Castro-Gonzáles (2019c)

• Seguidamente, se presenta la **tabla 7**, la cual corresponde a las actividades más importantes que requiere el investigador para terminar el trabajo de investigación y poder cumplirlo en un plazo de tiempo disponible en el semestre que corresponda. Como se puede apreciar, esta tabla le permitirá hacer una planificación sobre el tiempo que dispone en el siguiente periodo de estudio y cuando está en el proceso de investigación y escritura, también le servirá para hacer un control efectivo del progreso del trabajo, así como le facilitará la finalización correcta del mismo. La tabla que se presenta abajo solo es una sugerencia; el lector debería adaptarla al tipo de investigación que es materia de su trabajo académico.

## Tabla 7: Planificación propuesta de las actividades para terminar la investigación en curso

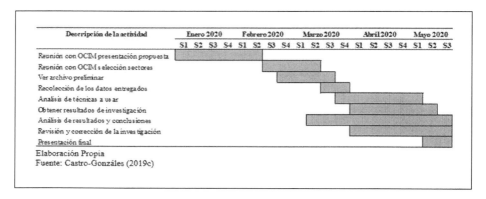

| Descripción de la actividad | Enero 2020 | | | | Febrero 2020 | | | | Marzo 2020 | | | | Abril 2020 | | | | Mayo 2020 | | |
|---|---|---|---|---|---|---|---|---|---|---|---|---|---|---|---|---|---|---|---|
| | S1 | S2 | S3 | S4 | S1 | S2 | S3 | S4 | S1 | S2 | S3 | S4 | S1 | S2 | S3 | S4 | S1 | S2 | S3 |
| Reunión con OCIM presentación propuesta | | | | | | | | | | | | | | | | | | | |
| Reunión con OCIM selección sectores | | | | | | | | | | | | | | | | | | | |
| Ver archivo preliminar | | | | | | | | | | | | | | | | | | | |
| Recolección de los datos entregados | | | | | | | | | | | | | | | | | | | |
| Análisis de técnicas a usar | | | | | | | | | | | | | | | | | | | |
| Obtener resultados de investigación | | | | | | | | | | | | | | | | | | | |
| Análisis de resultados y conclusiones | | | | | | | | | | | | | | | | | | | |
| Revisión y corrección de la investigación | | | | | | | | | | | | | | | | | | | |
| Presentación final | | | | | | | | | | | | | | | | | | | |

Elaboración Propia
Fuente: Castro-Gonzáles (2019c)

- Finalmente, la **tabla 8** corresponde en detalle a las actividades, pero más pormenorizadas según las metas que requiere para que la culminación de su trabajo de investigación sea un éxito. Por eso se detallan en la segunda columna de la tabla los objetivos específicos por cada actividad programada y su descripción de esta actividad, así como el tiempo requerido para culminar su investigación y escritura.

- Nuevamente se le recuerda al estudiante que las tablas que se presentan son guías sugeridas, pero que el estudiante debería personalizar la misma para que se adapte más a la naturaleza de su trabajo, y debería coordinarlo con el mentor o revisor de su trabajo.

## Tabla 8: Programación detallada de las actividades y su duración requerida para terminar la investigación propuesta

*Programación de propuesta de tesis para convertir en proyecto de investigación*

| Actividad | Objetivo | Descripción | Duración |
|---|---|---|---|
| 1 | Revisión de capítulo 1 | Entrega preliminar del proyecto. | 1 semana |
| 2 | Revisión de capítulos 1 y 2 | Correcciones al documento entregado. | 1 semanas |
| 3 | Revisión de capítulos 1 y 2 | Entrega del documento revisado. | 1 semana |
| 4 | Revisión de capítulos 1, 2 y 3 | Correcciones a las preguntas y objetivos de investigación. Correcciones al capítulo de metodología. | 1 semana |
| 5 | Revisión de capítulos 1, 2 y 3 | Entrega de correcciones al documento. | 1 semana |
| 6 | Envío de cartas y solicitud al equipo de cumplimiento | Someter documentación para el equipo de cumplimiento de la universidad para la aprobación de la propuesta de investigación. | 1 semana |
| 7 | Espera de respuesta del IRB | Revisar el capítulo de metodología. | 1 semana |
| 8 | Entrega y recogido de cuestionarios | Llevar los cuestionarios a los municipios y recoger el mismo. | 1 semana |
| 9 | Análisis de datos recopilados | Desglosar los datos recopilados de los cuestionarios y realizar las tablas y gráficas para demostrar los resultados. | 2 1/2 semana |
| 10 | Preparación de conclusiones y presentación final | Realizar las conclusiones de acuerdo a los resultados de los cuestionarios. Comenzar con la preparación de la presentación final. | 1 1/2 semana |
| 11 | Defensa de tesis | Presentar ante el panel de la universidad la investigación. | 1 día |

Elaboración Propia
Fuente: Castro-Gonzáles (2019c)

## C. DISTINCIÓN BÁSICA ENTRE VARIABLES, DIMENSIONES, INDICADORES E ÍNDICE PARA LA ELABORACIÓN DEL CAPÍTULO 3: *OPERACIONALIZACIÓN*

- Otra de las dudas más frecuentes que este autor ha encontrado en el proceso educativo de los alumnos tesistas, es la relación que existe entre variables, dimensiones, indicadores e índice. Con frecuencia los estudiantes que están desarrollando su tesis, tienen una confusión entre estos términos o los consideran sinónimos; sin embargo, se debe precisar que las *variables* son los que se definen claramente en el problema de investigación y se especifican de forma clara y concisa en los objetivos de investigación.

- Por lo general, las *variables* del estudio se manifiestan muchas veces directamente, las mismas que son medidas mediante los *indicadores* que a su vez se expresan mediante unas escalas de medida que toman el nombre de *índice*. Pero en otras investigaciones las *variables* del estudio no se pueden medir directamente, sino que son expresadas mediante la utilización de varias *dimensiones,* que generalmente van precedidas de unas construcciones teóricas, de allí que estas variables de estudios sean denominadas *constructos.*

- Tanto las *variables* como los *constructos* son medidos mediante el uso de *indicadores* y en la mayoría de las bases de datos estos se denominan *índice.* Los índices ya vienen construidos sobre la base de un periodo de tiempo o por una relación de escalas de medición ($lb/cm^2$-*psi*-, grados Celsius, KW/hr., kg. /$m^3$, vatios, etc.). Si son en función al tiempo, por lo general son años, pero también se pueden encontrar índices diarios, semanales, mensuales, trimestrales o anuales. Estos *índices* son los que se *operacionalizan* en los diferentes programados estadísticos usando una técnica específica para encontrar los principales resultados de las preguntas de investigación de la propuesta de investigación.

- Todo este proceso es lo que se denomina la *operacionalización de las variables de investigación.* Según Babaresco (2013), si los investigadores no encuentran las variables expresadas en indicadores ya elaborados, entonces estos se elaboran con los propios datos que se obtienen a partir de la utilización de preguntas de una encuesta que toman el nombre de *reactores*. Se recomienda que para la elaboración de los indicadores deberían tener en cuenta los ejemplos que figuran en la **tabla 9,** que han sido elaborados teniendo en cuenta lo sugerido por Babaresco (2013) y complementados por este autor.

• Se debe tener en cuenta que lo que recoge esta tabla son solo algunos ejemplos, pero cada estudiante debe elegir el indicador o los indicadores más adecuados que pueda usar para *operacionalizar* la variable o constructo bajo estudio. En esta parte se debe tener en cuenta su revisión de literatura, que le guía en el proceso de seleccionar, a los teóricos escogidos y qué indicador o indicadores son más apropiados para usarlo en su investigación.

**Tabla 9: Diferencias conceptuales entre variables, dimensión, indicadores e índice, y ejemplos de cada uno**

| Variable (Constructo) | Dimensión | Indicador | Índice |
|---|---|---|---|
| Idea principal y original de investigación; es nominal e implica conceptos o modelos propuestos y a veces complejos. | Subvariables que ayudan a medir la variable o el constructo; son la imagen derivada y real de la variable, son específicas y se expresan por indicadores. | Variable o subvariable observable y dimensionada y empírica; es la definición operacional referente de la variable; en otras palabras, es el detalle de la categoría. | Medida específica de cada uno de los indicadores que responden a la dimensión; conforman varios indicadores cuando el constructo se mide mediante modelos complejos. |
| Ejemplos de variables | Ejemplos de dimensiones | Ejemplos de indicadores | Ejemplos de índices |
| Desarrollo | Económica | Ingreso bruto per cápita, ingreso familiar anual, consumo per cápita, etc. | Índice de INB p/c; índice del INB familiar, índice del consumo nacional p/c, etc. |
| Desarrollo | Industrial | Horas trabajadas por día, productividad anual per cápita, etc. | Índice de horas trabajadas por día, índice de productividad per cápita, etc. |
| Comercio exterior | Dinero, exportación, importaciones, etc. | Circulación de dinero mensual, anual, exportaciones | Volumen de exportaciones por año, por mes según los sectores |
| Socioeconómico | Social, económica, prestigio, etc. | Asociaciones profesionales, gremios académicos, clubes sociales, asistencias mensuales a instituciones, ingreso nacional p/c, ahorros, propiedades, etc. | Índice de horas trabajadas por día, índice de productividad per cápita, ahorros en dólares, cuentas de ahorro, cuentas en acciones, índice de consumo, etc. |

Elaboración propia.
Fuente: Babaresco (2013) y Castro-Gonzáles (2019c)

# CAPÍTULO 3: METODOLOGÍA PARA TRABAJOS CUANTITATIVOS

- La **tabla 6** y su contenido son los elementos básicos que ayudarán para escribir este capítulo. Por lo tanto, es recomendable que el estudiante revise dicho contenido previamente con su consejero o mentor de la propuesta de investigación, porque esta tabla se desarrollará en detalle en las diversas secciones de este tercer y último capítulo de la propuesta de investigación.

- Tal como se recomendó con el segundo capítulo, en este capítulo se debe empezar con una pequeña introducción. El estudiante puede colocarle un subtítulo o simplemente podría empezar con un apartado (eso lo dejamos a su discreción) y luego seguiría con las otras secciones que se detallan a continuación.:

## 3.1 INTRODUCCIÓN DEL CAPÍTULO 3

1. La primera sección corresponde a la introducción del capítulo 3, por lo que debería escribir una ligera introducción haciendo un breve repaso sobre los propósitos de esta investigación y de las preguntas u objetivos que se intentan responder en este trabajo de investigación. El texto debe escribirse preferiblemente en formato de párrafo.

2. Después de esta ligera introducción debe cubrir un párrafo donde establezca la estructura del capítulo (si desea ser muy explícito debe usar más de un párrafo). Se presenta a continuación, el **ejemplo 21** que cubre las dos recomendaciones prev

## Ejemplo 21: Introducción y estructura del tercer capítulo de la investigación

### 3.1 *Introducción*

*La investigación es un proceso sistemático, organizado y objetivo, el cual persigue una finalidad de búsqueda a fondo de un tema en particular y desarrolla el conocimiento. El investigar nos permite establecer un contacto con la realidad, ya que aumenta la curiosidad del investigador a continuar la búsqueda de información del tema hasta encontrar la solución al problema que se identificó. Además, tiene como propósito producir conocimientos y teorías (investigación básica) y resolver problemas prácticos (investigación aplicada). Como se ha expuesto anteriormente, el propósito de esta investigación es conocer cómo influye el clima organizacional en una empresa municipal de servicio público. Dicha investigación se realizará en la región noreste de Puerto Rico. Usará como unidad de análisis los empleados de empresas municipales de servicio público.*

*Las preguntas de investigación de este trabajo se detallan a continuación: ¿cuáles son los componentes del clima organizacional de una empresa municipal de servicio público?, ¿cuál es el nivel de clima organizacional en una empresa municipal de servicio público?, Qué relación existe entre el clima organizacional y la satisfacción laboral? y ¿cuál es la relación entre el clima organizacional y el desempeño laboral?*

*Con este fin, previamente se realizó una introducción en la cual se resalta un marco general sobre el constructo y la importancia del clima organizacional en una organización. Se revisó la literatura y se estableció el marco teórico con los constructos relacionados para propósitos de esta investigación, y a continuación se presenta la metodología utilizada.*

*Basado en lo expuesto anteriormente, este capítulo se divide de la siguiente manera: hipótesis, diseño, enfoque, alcance, técnicas de recolección con análisis de datos, medidas de confidencialidad, riesgos,*

> *beneficios, población, escenario y determinación de la*
> *unidad de análisis y la muestra.*
>
> (Rivera, 2018)

## 3.2  DISEÑO DE LA INVESTIGACIÓN

1. En esta sección se deben establecer recomendablemente cuatro subtemas: a) el enfoque, b) el alcance, c) las técnicas e instrumentos de recolección de datos y d) el tipo de análisis que necesitará para su investigación, cada uno con sus correspondientes niveles de subtítulos.

2. Cuando trate el *enfoque* de la investigación, debe establecer si el trabajo es cualitativo, cuantitativo o mixto. Para tal efecto debe aplicar los conceptos básicos del curso teórico de metodología de investigación y verificar las **tablas 3 y 6**. Se recomienda que debe sustentarlo con referencias académicas (citas), explicando las razones que ha tenido para haber escogido este paradigma, describiendo las implicancias que se puedan tener respecto de la factibilidad práctica (ejecución).

3. Para sustentar los diferentes *enfoques*, debe sustentar sus razones en forma de citas basadas en algunos teóricos clásicos y actuales que cubran estos temas. Por ejemplo:

   *Yin (1994) indica que los estudios de casos son ... ... ..., por otra parte, Chávez & Ramírez (2004) afirman en su trabajo que las incidencias de modelos de cultura organizacional son de naturaleza cuantitativa mayormente ... ... ... Sin embargo, Castro-Gonzáles (2019) sostiene que para estos tipos de trabajo se debe considerar como el más apropiado.*

4. Para esta sección se recomienda citar de tres a cinco teóricos al menos. Cuando se hace esta recomendación es necesario

tener en cuenta que siempre hay uno o dos clásicos que son la autoridad en el tema de investigación, por lo que la antigüedad de estas citas debe ser una excepción a la regla, ya que toda investigación se debe actualizar con citas que sean de reciente publicación y que su antigüedad no sea mayor de cinco años de la fecha en que se está haciendo el trabajo de investigación.

5. De igual manera, en la descripción del *enfoque* se recomienda que se describa en detalle la parte del *alcance* del trabajo, sobre todo cuando se están trabajando investigaciones cuantitativas como es el caso de este apartado. De considerar apropiado, el autor puede hacer uso de subtítulos de segundo nivel en estas secciones. También es necesario recurrir a tres o cinco teóricos que le sustenten, porque tienen el enfoque que afirma el autor.

6. La tercera parte debe cubrir la descripción en detalle de la técnica que se usará para la recolección de los datos y, sobre todo, del *instrumento* que utilizará para recolectar los datos (ya sea que estos provengan de fuentes primarias o secundarias). Si usa *cuestionarios*, debería describir en detalle la fuente que ha sido obtenida y comentar sobre el autor del cuestionario. Debería ahondar en qué circunstancias ha sido usada dicha fuente y cuál ha sido el aporte de este cuestionario para la disciplina bajo investigación. Asimismo, debería describir las diferentes partes que tiene el cuestionario y cuáles de los reactivos recogen los datos necesarios para cumplir con cada objetivo. Igualmente, debería enumerar las preguntas reactivas según el mencionado cuestionario. Al final debe incluir como anejo el instrumento propuesto en este acápite.

7. Si en lugar de usar como instrumento de recolección de datos un *cuestionario* usa una *base de datos secundaria*, entonces debe describir pormenorizadamente las características y detalles de la base de datos secundaria que se está usando, así como la institución que publica esa base de datos.

8. La última sección de este apartado corresponde a la *técnica*

*que usará para el análisis de los datos.* Dado que esta parte corresponde a un estudio cuantitativo, se debe describir la técnica de análisis estadístico que se usará para resolver los problemas de investigación que se buscan hallar respuesta en este trabajo. Para tal efecto también se debe recurrir a la ayuda de la **tabla 6** que se hizo previamente y que se detalla en la última columna de esta tabla. También en esta parte, cuando describe la técnica   que utilizará, debería sustentarlo con algún teórico que haya hecho uso de esta técnica y los resultados más relevantes que haya obtenido. La cantidad de teóricos se deja al criterio del estudiante.

9. Se presentan a continuación dos ejemplos: el **ejemplo 22** en donde se describen las secciones usadas para un *instrumento de recolección que usa cuestionarios,* y el **ejemplo 23** en donde se presentan las secciones usadas para un instrumento de recolección de datos que emplea *datos secundarios*, respectivamente.

**Ejemplo 22: Diseño de la investigación, enfoque, alcance e instrumento de recolección de datos que usa cuestionarios (data primaria)**

### 3.2 Diseño de la investigación

*El diseño de una investigación ofrece los componentes y el plan para que el estudio se pueda realizar de manera satisfactoria. Para efectos de este estudio, el diseño es no experimental / transaccional. Los diseños no experimentales se realizan sin manipular deliberadamente variables. Según Hernández, et al. (2016), un estudio no experimental es un estudio realizado sin manipulación deliberada de variables, solo se observan fenómenos y se analizan. Los diseños transaccionales recolectan datos en un solo momento, en un tiempo único según Liu (2008) y Tucker (2004), citados por Hernández et al. (2016). Su propósito es describir variables y analizar su incidencia e interrelación en un momento dado. El constructo del clima organizacional y las variables relacionadas, como la satisfacción laboral y el desempeño, ya están establecidos, es decir, este estudio analiza la correlación entre las variables.*

### 3.2.1 Enfoque
*Esta investigación tiene un enfoque cuantitativo. El enfoque cuantitativo a grandes rasgos se caracteriza por medir fenómenos, utilizar estadísticas, probar hipótesis y hacer análisis de causa-efecto (Hernández et al., 2014) .... [sigue más desarrollo de texto]*

### 3.2.2 Alcance
*Para propósitos de este estudio, el alcance es uno correlacional y explicativo. Según Hernández et al. (2014), el alcance correlacional asocia variables mediante un patrón predecible para un grupo o población. ..... [sigue más desarrollo de texto]*

### 3.2.3 Instrumento de recolección de datos, técnicas de recolección y análisis de datos
*Este estudio usa como instrumento de recolección de datos una encuesta; este instrumento de medición busca la contestación a cada una de las preguntas de investigación del estudio. En el caso particular de esta investigación, el cuestionario se presenta en el Anejo A. El mismo consta de cuatro secciones que se detallan a continuación:*
*__Parte I-__ Esta parte incluye los datos personales, sociodemográficos del encuestado.*
*__Parte II-__ La sección dos incluye 20 premisas dirigidas a conocer cuáles son los componentes del clima organizacional en una empresa municipal. Con el análisis de las respuestas a estas preguntas, se pretende cumplir el primer y segundo objetivo de esta investigación.*
*__Parte III__ – La sección tres incluye 15 premisas dirigidas a conocer cómo se siente el empleado en relación con*

*la satisfacción laboral bajo los cuatro indicadores (autonomía, recompensas, trabajo en equipo entre líderes y compañeros de trabajo, y ambiente de trabajo) por estudiar.*

***Parte IV*** *– La última sección incluye 17 premisas dirigidas a conocer cómo se siente el empleado en relación con el desempeño laboral bajo los siete indicadores (calidad, compromiso, independencia, cantidad, efectividad y puntualidad) por estudiar.*

*Adicional a los cuestionarios, se entregará a los participantes una hoja informativa. Este documento, al igual que el cuestionario, se hace llegar personalmente. A través de este documento se le garantizan medidas de confidencialidad a los participantes, se mencionan los riesgos y los beneficios del estudio.*

*Como parte del proceso de esta investigación, antes de entregar el cuestionario y la hoja informativa de la muestra, debe pasar por el debido proceso de aprobación del Institucional Review Boards (IRB). Una vez aprobado, se prosigue con el proceso de entrega, recolección de datos, análisis, resultados y conclusiones de la investigación.*

(Rivera, 2018).

## Ejemplo 23: Enfoque, alcance, instrumento y método de análisis para la recolección de datos secundarios

### 3.2 Diseño de la investigación

#### 3.2.1 Enfoque de la investigación

*Al evaluar el enfoque necesario para llevar a cabo esta investigación, es necesario adoptar un **Tip** o de investigación que permita y brinde facilidad para medir a través de diseños, datos numéricos. Dado que este es el caso, se ha determinado que esta investigación empleará un enfoque puramente cuantitativo.*

*Según Hernández, Fernández, & Baptista (2016), en una investigación de enfoque cuantitativo se establecen hipótesis y se determinan variables; se desarrolla un plan para probarlas (diseño); se miden las variables en un determinado contexto; se analizan las mediciones obtenidas (con frecuencia utilizando métodos estadísticos), y se establece una serie de conclusiones respecto de la(s) hipótesis.*

### 3.2.1 Alcance de la investigación

*Dada la naturaleza de este trabajo, se ha adoptado un alcance de carácter correlacional. Esto, ya que, según Hernández, et al. (2016), las investigaciones correlacionales tienen la finalidad de conocer la relación entre dos o más variables en un contexto en particular. Además, afirman que, al evaluar esta relación, este **Tip** o de investigación mide cada una de las variables bajo estudio (presuntamente relacionadas), y cuantifica y analiza este vínculo. Este alcance hace ideal el empleo del enfoque al tomar en consideración los objetivos establecidos. En el caso de este trabajo, el método de análisis que se desarrollará como respuesta a las preguntas de investigación planteadas se sirve de la utilidad de este **Tip** o de investigación. Este se valdrá de diversas variables y estudiará el vínculo que puedan tener con el objeto de este estudio: la economía subterránea en Puerto Rico. .... [sigue más desarrollo de texto]*

### 3.3 Método de análisis

*A lo largo de este trabajo se han expuesto varias técnicas o metodologías empleadas para medir o estimar cuantitativamente el fenómeno de la economía subterránea en un contexto predeterminado. ..... [sigue más desarrollo de texto]*

### 3.3.1 Modelo de análisis

*Como se ha expuesto anteriormente, el modelo consiste en dos partes: un modelo de ecuación estructural (the Structural Model) y un modelo de medición (the Measurement Model) (Dell'Anno, 2007). ..... [sigue más desarrollo de texto]*

### 3.3.2 Variables por considerar

*Como ha sido expuesto en secciones anteriores, el método MIMIC busca estimar cuantitativamente el tamaño de la economía subterránea considerando la*

*relación de esta como una variable latente (no observable) en múlTip les causas e indicadores observables. Estas causas e indicadores son presentados como variables de series de tiempo. .....*
*[sigue más desarrollo de texto]*
***3.3.3 Causas de la economía subterránea***
*Las causas de la economía subterránea que se discuten principalmente son:*
*1. Carga contributiva directa e indirecta- un alza en este renglón sirve como motivación material para participar del trabajo informal; 2. Carga de regulaciones del estado- un alza en este renglón también incentiva la participación del trabajo informal. ..... [sigue más desarrollo de texto y más subtítulos necesarios]*
***3.3.7 Fuentes de datos secundarios***
*Este trabajo empleará las siguientes fuentes de datos secundarios: 1. estadísticas de la Junta de Planificación de Puerto Rico; 2. estadísticas del World Bank; 3. estadísticas del Departamento de Hacienda, entre otros. Todos estos datos se recopilarán desde el 2007 como series de tiempo para poder usarlos con la técnica estadística seleccionada más adelante. .....*
*[sigue más desarrollo de texto]*

(Medina, 2017)

## 3.3  UNIDAD DE ANÁLISIS (POBLACIÓN) Y MUESTRA

- Como tercera sección de este capítulo se recomienda que se cubra en detalle la descripción de la población o unidad de análisis que se estará estudiando en la investigación, así como la descripción del método que se ha utilizado para recolectar los datos en la muestra de estudio determinado – en el caso que se utilicen cuestionarios como instrumento de recolección de datos-

- A continuación, el **ejemplo 23** presenta un estilo de cómo se abordan estas dos secciones importantes y recomendadas.

## Ejemplo 24: Unidad de análisis y población que se trabaja (cuando se recoge data de encuestas)

### 3.3 Unidad de análisis

Los participantes del estudio a los cuales se les entregará el cuestionario son personas mayores de 21 años, empleados del municipio de Luquillo. El proceso para reclutarlos es por contacto directo. El investigador visitará el municipio y, para participar, la persona recibirá un sobre sellado con el instrumento y la hoja informativa, el cual será recogido tres días después de haber sido entregado. Si el participante desea contestar el instrumento en el momento, lo podrá hacer sin ningún inconveniente.

### 3.4 Muestra de estudio

Para el presente estudio se consideran como muestra, empleados de una empresa municipal de servicio público de la región noreste de Puerto Rico. Cabe señalar que el cuestionario será completamente anónimo y se utilizará únicamente para propósitos de esta investigación. La muestra de este estudio es una probabilística, ya que los elementos de la población tienen la misma posibilidad de ser elegidos. La muestra es una población finita y su nivel de confianza es de 95%. El cálculo para la muestra se realizó considerando un 5% de margen de error, y con una población de 288 se recomienda tener un tamaño de muestra de 165. A continuación, se presenta la fórmula utilizada que valida lo expuesto anteriormente.

$$n = \frac{Z^2_{1-\alpha} * p * q * N}{e^2 (N-1) + Z^2_{1-\alpha} * p * q}$$

$$n = \frac{1.96^2 * 0.5 * 0.5 * 288}{0.05^2 (288-1) + 1.96^2 * 0.5 * 0.5}$$

$$n = \frac{276.5952}{1.6779} = 165$$

(Rivera 2018)

## 3.5  HIPÓTESIS DE TRABAJO (SI APLICA)

• En este apartado se considera una pregunta que con mucha frecuencia los estudiantes de maestría y de bachillerato formulan en las diferentes clases de esta materia: ¿Todos los trabajos de investigación llevan hipótesis? La respuesta es que *no todos, pero si en su gran mayoría.*

• Esto depende del alcance de la investigación y la naturaleza de esta. Por eso afirmamos lo siguiente:

a. Si una investigación tiene un alcance *exploratorio*, la respuesta es que **no** llevará hipótesis de trabajo.
b. Si un trabajo tiene alcance *descriptivo*, la respuesta es que en **casos excepcionales** es necesario una hipótesis de investigación.
c. Pero, si una investigación tiene un alcance *correlacional, causal o explicativo*, se afirma categóricamente que implícitamente debería **existir** *una* hipótesis de trabajo o varias hipótesis de investigación, dependiendo de la técnica que se usará para resolver los problemas de investigación.

- Por lo tanto, si su trabajo de investigación conlleva hipótesis, se recomienda atender en detalle la descripción de la(s) hipótesis de trabajo. Por tal razón debería usar un apartado con su correspondiente subtítulo, a fin de que se diferencie de los otros apartados y se dé la relevancia que amerita esta sección en este trabajo.

- Partiendo del fundamento teórico, la hipótesis de trabajo es lo que se pretende aceptar o rechazar en la investigación y está íntimamente ligada a los objetivos de trabajo y a la(s) técnica(s) que se deberá(n) usar en la investigación. Por tal razón se recomienda que se declare tanto la *hipótesis nula* como la *hipótesis alterna* en el modo de texto, y seguidamente se representen estas en formato matemático, tal como se presenta a continuación en el **ejemplo 25**. Para tal efecto se recomienda, de ser posible, que use la ayuda técnica de escritura de fórmulas que provee Word, para que la expresión matemática quede apropiadamente presentada.

**Ejemplo 25: hipótesis de la investigación**

### 3.4 Hipótesis de la investigación

Para lograr responder a las preguntas 2 y 3 de la investigación, se procederá a establecer dos hipótesis causales. Las mismas constan de una hipótesis nula $(H_0)$ y una hipótesis alternativa $(H_1)$. Para identificar las hipótesis con las preguntas 2 y 3 de la investigación, se utilizarán las letras A y B, respectivamente. La pregunta de investigación 2 es la siguiente: ¿cuál es efecto de la espiritualidad en la calidad del servicio interno (satisfacción, compromiso y productividad laboral) de los empleados de empresas al detal? $(H_{1A})$, mientras que la pregunta de investigación 3 es: ¿cuál es el efecto de la espiritualidad sobre la percepción del valor del servicio externo (satisfacción y lealtad de los clientes) de los empleados de las empresas al detal? $(H_{1B})$.

**Primera hipótesis (A)**
**Hipótesis nula**

$H_{0A}$ = *A mayor espiritualidad practicada en el área de trabajo, menor será la calidad del servicio interno de los empleados de empresas al detal.*
**Hipótesis alternativa**
$H_{1A}$ = *A mayor espiritualidad practicada en el área de trabajo, mejor será la calidad del servicio interno de los empleados de empresas al detal.*

**Segunda hipótesis (B)**
**Hipótesis nula**
$H_{0B}$ = *A mayor espiritualidad practicada en el área de trabajo, menor será la percepción del valor del servicio externo de los empleados de empresas al detal.*
**Hipótesis alternativa**
$H_{1B}$ = *A mayor espiritualidad practicada en el área de trabajo, mayor será la percepción del valor del servicio externo de los empleados de empresas al detal.*

(Ríos, 2018).

## 3.6  PROCESOS DE CUMPLIMIENTO (SI APLICA)

- Este apartado debe ser muy detallado para aquellos estudiantes que van a utilizar datos primarios que se recogerán a partir de los cuestionarios; sin embargo, si el estudio que está trabajando amerita el uso de datos secundarios o bases de datos, estos procesos de cumplimiento no aplican; es decir, no es necesario considerar este apartado.  Solo para los graduandos que han de utilizar datos primarios es necesario este apartado que describe los procesos de cumplimiento, cuya información se puede acceder visitando la oficina correspondiente de cada universidad donde se atienden los casos de las investigaciones que se llevan a cabo con seres humanos.

- En el caso de Estados Unidos y sus territorios, la oficina que supervisa el cumplimiento de que se respeten los derechos de los seres humanos que son parte de la investigación (sobre todo en el caso de ciencias sociales y ciencias administrativas) se llama IRB, que corresponde a las iniciales de *Institutional Review Boards*; organismo federal que supervisa, vigila y orienta sobre las prácticas de investigación en las que participan seres humanos. _____

- A continuación, se establece el propósito de la oficina de cumplimiento de una universidad correspondiente al estado libre asociado de Puerto Rico, en específico de la Universidad Ana G. Méndez, Recinto de Carolina (solo como ejemplo):

  *El propósito de esta oficina es dirigir los procesos para asegurar el cumplimiento con las regulaciones federales y locales que rigen los procedimientos de investigación científica y actividades académicas. La oficina monitorea y regula la participación de seres humanos en la investigación, utilización de animales vivos o muertos, la utilización de sustancias químicas, materiales peligrosos, ADN y ARN en la investigación y actividades académicas. Los Comités Reguladores que evalúan los proyectos están compuestos por miembros que representan la mayoría de las disciplinas académicas de los recintos de la UAGM y miembros de la comunidad como es requerido por ley (UAGM-Carolina, 2019).*

- Por lo anteriormente expuesto, todo estudiante que tenga que realizar estudios que involucren a seres humanos deberá orientarse, en primer lugar, en la Oficina de Cumplimiento sobre los procedimientos que debe seguir. Por esta razón se recomienda que este apartado se divida en tres subtítulos que corresponden a cada una de las fases por tener en cuenta:

  a. **Fase administrativa:** está relacionada con los procesos de aprobaciones de la oficina de cumplimiento. Implica cumplir con los permisos, consentimientos y certificaciones de IRB, etc. Se sugiere que cada uno de los temas por cubrir deberían tener un título de tercer nivel para poder ordenar mejor el trabajo, por lo que debe tener presente la siguiente documentación.

2. Permisos y comunicaciones (cartas, llamadas, convocatorias, etc.)
3. Obtención de la hoja de consentimiento (cómo se obtiene y cómo se procede).
4. Descripción de la hoja de consentimiento (guardarla por un mínimo de 3 años) e inclusión de la misma como anejo (debe constar así en el apéndice).
5. Indicar si hay ayuda de otras personas o instituciones (como cuando se pide permiso a una comunidad hay que decir a quiénes se solicita específicamente).
6. Indicación de si hay riesgos o no (posibles incidentes o eventos; establecer las acciones que se seguirán si el investigador tuviera algún incidente, como por ejemplo si es que la persona se muere, establecer un plan de contingencia, si fuera el caso)

a. Medidas para minimizar riesgos, y cómo se maneja o protege la privacidad y la confidencialidad de los encuestados.

b. **Fase de instrumentación:** esta sección corresponde al proceso de recolección de datos mediante la técnica que se usará. En otras palabras, debería explicar:

1. El cómo y dónde se hace la investigación
2. Si en algún lugar hay un proceso de filmación o vídeo, se debe establecer el protocolo y el procedimiento para tal efecto.
3. Por otra parte, si son encuestas, el investigador debería explicar dónde se recogen estos datos para la investigación, y los detalles del tiempo de recolección, así como el proceso de recolección de las respuestas, y especificar los protocolos que se han seguido para que el investigador no influya en la respuesta del encuestado.
4. Si se formulan preguntas directas, en algún llugar se debe especificar el protocolo de preguntas, por ejemplo: "Se procederá con este protocolo mediante el cual a los

participantes se  les grabarán sus respuestas, utilizando una  grabadora en el proceso"

c. **Fase de procedimientos y análisis de datos**: Se debe tener en cuenta que *no* se puede iniciar la investigación hasta que la Oficina de Cumplimiento no lo autorice. En esta parte es necesario establecer cómo el investigador administrará el instrumento. La misma cubre:

1. Describir las instrucciones específicas de participación riesgos y derechos.
2. Establecer los recursos que usará (personas, recompensas, etc.), dónde, condiciones, emergencias.
3. Describir cuál será la forma en que se almacenarán los datos una vez recogidos y cuando se pase la fecha de almacenarlo  (generalmente 5 años) deberá detallar cómo dispondrá de estos.
4. Finalmente, se deben ofrecer ejemplos y referencias sobre cómo se van a efectuar los  análisis de datos, qué métodos se usarán para analizarlos, así como qué programas y técnicas estadísticas en específico se utilizarán.

• Por último, es preciso repetir que los estudiantes que usan datos secundarios tienen que abundar solamente en las características de la base de datos, el prestigio que revisten estos datos para la disciplina. También se deben especificar las instituciones los publican, qué características tienen estos datos y a través de qué medios se puedan obtener.

• En el **ejemplo 26** que a continuación se detalla, se presenta una muestra pormenorizada de cómo debe abordarse esta sección tan importante del capítulo 3:

## Ejemplo 26: Procesos de cumplimiento

### 3.6 Procesos establecidos

Con el propósito de completar esta investigación, se establecen procesos sistemáticos los cuales se detallan a continuación, incluyendo las etapas administrativas, de instrumentación y de recogido de datos.

### 3.9.1 Etapa administrativa

En esta etapa se trabaja con toda la documentación y permisos de la Oficina de Cumplimiento de la Universidad del Este y el IRB. La misma se espera sea completada entre los meses de enero a marzo de 2017. ..... [sigue más desarrollo de texto]

### 3.9.2 Etapa de instrumentos

El instrumento de esta investigación será un cuestionario elaborado por la investigadora, revisado por el mentor, el Dr. Segundo J. Castro, y validado por las profesoras Dra. Ana M. Viader y Dra. Nora Picó. Posteriormente el cuestionario será entregado directamente a los participantes, luego de obtener la autorización del gerente o persona encargada de la empresa. En la Unidad de Análisis se les dará un periodo de tres días para responder el mismo y se recogerá al cabo de ese periodo. Todo se realizará en absoluta reserva para cuidar los procesos correctos y evitar sesgos en las respuestas de los encuestados. ..... [sigue más desarrollo de texto]

### 3.9.3 Etapa de recogido de datos

Se procederá a repartir los cuestionarios a los participantes, una vez se complete el proceso de certificaciones con el IRB y la Oficina de Cumplimiento otorgue a la investigadora la autorización y aprobación del cuestionario a ser utilizado. Se espera que esta etapa concluya entre marzo y abril de 2017. ..... [sigue más desarrollo de texto]

### 3.9.4 Etapa de análisis y conclusiones

Una vez recolectados los datos a través del cuestionario, se procederá con el análisis de estos utilizando programas estadísticos (SPSS y SmartPLS). Se

> *generarán gráficas y tablas que permitan un mejor entendimiento de estos resultados y se procederá a establecer las conclusiones, mediante las que se determinará si las hipótesis propuestas fueron o no corroboradas. Se espera que esta etapa concluya entre la última semana de abril y la primera semana de mayo de 2017. ..... [sigue más desarrollo de texto]*

(Ríos, 2018).

## 3.7 TABLAS DE RESUMEN DEL CAPÍTULO

- Este último apartado del tercer capítulo recapitula y presenta un resumen de todo lo expuesto anteriormente en tres tablas recomendadas. La primera tabla corresponde al **resumen del capítulo tres**. En la ella se presenta en forma clara y se considera cada pregunta de investigación u objetivo (la que mejor se adecue a su trabajo), así como el enfoque, el alcance, el instrumento y la técnica por usar en su tesis.

- Antes de que presente la tabla debe de hacer una pequeña descripción de cada una de las tablas, comentando sus características más relevantes, por lo que se debe describir columna por columna, cubriendo también las filas que corresponden a las preguntas de investigación. Dichas tablas se utilizan para que el lector tenga un mejor y más rápido entendimiento del trabajo; por eso recogen todos los detalles previamente cubiertos.

- El **ejemplo 27** recoge estas recomendaciones descritas previamente.

## Ejemplo 27: Procesos de cumplimiento

### 3.7 Resumen de la metodología

*Como se expuso anteriormente, para contestar cada pregunta de investigación se utilizarán diferentes técnicas, métodos e instrumentos. A continuación, se detalla en la Tabla 2 un resumen de las preguntas de investigación, el alcance, el enfoque, el instrumento para recolectar los datos y la técnica que se usará para contestar las preguntas de investigación. ..... [sigue más desarrollo de texto]*

*Para la primera y segunda pregunta la metodología es descriptiva, ya que mediante el cuestionario (preguntas 1 a la 20) se intenta estudiar y analizar los componentes del clima organizacional, y estudiar el nivel del clima organizacional que existe en una empresa municipal de servicio público. Esto se hace diseñando preguntas que envuelven aspectos relacionados con los componentes del clima organizacional.*

*Para la pregunta tres y cuatro se utiliza la técnica de correlación. A través de las premisas 21 a la 52 del cuestionario, se pretende estudiar la relación entre variables. Esta relación es entre el clima organizacional con respecto a la satisfacción laboral y, a su vez, con respecto al desempeño laboral.*

| Preguntas de Investigación | Alcance | Enfoque | Instrumento | Técnica |
|---|---|---|---|---|
| 1. ¿Cuáles son los componentes del clima organizacional en una empresa municipal de servicio público? | Descriptivo | Cuantitativo | Data primaria: Cuestionario Seccion I, P1-20 | Análisis de frecuencias/gráficas |
| 2. ¿Cuál es el nivel de clima organizacional en una empresa municipal de servicio público? | Descriptivo | Cuantitativo | Data primaria: Cuestionario Seccion I, P1-20 | Análisis de frecuencias/gráficas |
| 3. ¿Qué relación existe entre el clima organizacional y la satisfacción laboral? | Inferencial | Cuantitativo | Data primaria: Cuestionario Seccion III, P21-35 | Análisis Correlacional/Causal |
| 4. ¿Cuál es la relación entre el clima organizacional y el desempeño laboral? | Inferencial | Cuantitativo | Data primaria: Cuestionario Seccion IV, P36-52 | Análisis Correlacional/Causal |

(Ríos, 2018).

- En la segunda tabla de ayuda se presenta en detalle la **duración de cada una de las actividades** necesarias para terminar el proyecto de investigación o tesis de acuerdo con el tiempo que demoraría cada una de ellas, expresadas preferiblemente en semanas (**ver ejemplo 28**).

## Ejemplo 28: Cronograma de tareas

### 3.7.1 Cronograma de tareas en el periodo de investigación

La tabla que se presenta a continuación detalla el tiempo dedicado a cada tarea hasta llegar a la presentación final de la tesis. En la misma se detalla cada objetivo o meta por cumplirse y la actividad que se realizará para cumplir esa meta u objetivo. Es un trabajo que debe completarse en un máximo de 16 semanas.

### Tabla 3: Programación de las tareas para cumplir con el proceso de investigación

| Programación de propuesta de tesis para convertir en proyecto de investigación | | | |
|---|---|---|---|
| Actividad | Objetivo | Descripción | Duración |
| 1 | Revisión de capítulo 1 | Entrega preliminar del proyecto. | 1 semana |
| 2 | Revisión de capítulos 1 y 2 | Correcciones al documento entregado. | 1 semanas |
| 3 | Revisión de capítulos 1 y 2 | Entrega del documento revisado. | 1 semana |
| 4 | Revisión de capítulos 1, 2 y 3 | Correcciones a las preguntas y objetivos de investigación. Correcciones al capítulo de metodología. | 1 semana |
| 5 | Revisión de capítulos 1, 2 y 3 | Entrega de correcciones al documento. | 1 semana |
| 6 | Envío de cartas y solicitud al equipo de cumplimiento | Someter documentación para el equipo de cumplimiento de la universidad para la aprobación de la propuesta de investigación. | 1 semana |
| 7 | Espera de respuesta del IRB | Revisar el capítulo de metodología. | 1 semana |
| 8 | Entrega y recogido de cuestionarios | Llevar los cuestionarios a los municipios y recoger el mismo. | 1 semana |
| 9 | Análisis de datos recopilados | Desglosar los datos recopilados de los cuestionarios y realizar las tablas y gráficas para demostrar los resultados. | 2 1/2 semana |
| 10 | Preparación de conclusiones y presentación final | Realizar las conclusiones de acuerdo a los resultados de los cuestionarios. Comenzar con la preparación de la presentación final. | 1 1/2 semana |
| 11 | Defensa de tesis | Presentar ante el panel de la universidad la investigación. | 1 día |

(Ríos, 2018).

- Por último, la tercera tabla corresponde a las **actividades programadas** en detalle en una línea de tiempo en el estilo de un *Gantt chart*. Esta tabla es de mucha ayuda tanto para el estudiante como para el mentor de la tesis, porque permite hacer un control de actividades y tener un uso positivo en el manejo del tiempo disponible. Todas las tablas previas se trabajan primero en Excel y luego se pasan al documento en Word. La recomendación general es que antes de cada tabla esta debe ser precedida por una descripción detallada de lo que significa cada una de ellas en Word (ver ejemplo 29).

## Ejemplo 29: Programación de la investigación

### 3.8    *Programación de la investigación*

*En la siguiente tabla se presenta la programación en función del tiempo en forma gráfica que sirve como un sistema de control de las actividades. La siguiente tabla presenta el tiempo de 16 semanas que se tiene disponible desde enero a mayo 2017 para culminar el proceso. Se describen las actividades resumidas y el tiempo aproximado que se dedicará a cada una. Es una forma de controlar, organizar y manejar el factor tiempo de una manera ordenada y eficaz.*

### Tabla 4: Gantt chart de la programación de la investigación

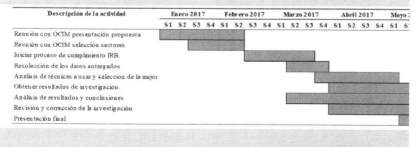

(Ríos, 2018).

# CAPÍTULO 3: METODOLOGÍA PARA TRABAJOS CUALITATIVOS

## 3.1 (Q) RECOMENDACIONES PREVIAS PARA ESCRIBIR EL CAPÍTULO 3 PARA INVESTIGACIONES CUALITATIVAS

- Este capítulo, al igual que en las investigaciones cuantitativas, debería tener las secciones que se plantean en este apartado. Sin embargo, hay tres temas que marcan la diferencia entre la escritura de las investigaciones cuantitativas y cualitativas cuando se cubre el tercer capítulo.

- La primera diferencia es que casi todas las investigaciones cualitativas tienen *hipótesis*, las mismas se generan inicialmente de un modo incipiente (casi como el proceso de nacer y crecer) y se van *madurando* en el proceso de la investigación cualitativa cuando el investigador logra la inmersión en el terreno fértil de la unidad de análisis y comienza a contrastar o complementar con la revisión de bibliografía. Por *maduración* se entiende que se van afinando y actualizando conforme se recogen los datos y se abunda en los mismo; es decir, hay una marcada flexibilidad de estas investigaciones. Las *hipótesis* en las investigaciones cualitativas no se prueban estadísticamente, sino que se modifican, se adaptan y se consolidan cuando se recaban todos los datos necesarios y requeridos acompañados de la bibliografía pertinente.

- La segunda diferencia es que siempre se debe tener en cuenta que el proceso de investigación cualitativa no es lineal ni secuencial, por lo que es recomendable que la escritura de este capítulo deba irse construyendo sobre la base de las secciones discutidas en el tercer capítulo para el proceso cuantitativo.  No se debe olvidar que la escritura debe alinearse a los diferentes métodos cualitativos que se utilizarán en la investigación, los cuales se pasan a enumerar a continuación:

- • Etonográficos
- •Teoría fundamentada
- • Entrevistas
- • Bibliografías sistematizadas
- • Observaciones
- • Historias de vida familiar
- • Biográficos
- • Estudios de casos en profundidad
- • Estudios de casos
- • Grupo de enfoque

•En el método de investigación que elija debería describir pormenorizadamente a los dos o tres teóricos más relevantes que hayan usado con éxito el tipo de método que el investigador tesista seleccione. Las citas   dan relevancia académica a su trabajo de investigación.

•La tercera diferencia es que en las investigaciones cualitativas se debe describir previamente el proceso de inmersión en la unidad de análisis seleccionado que el investigador haya tenido durante el proceso.  Debería detallar el proceso de selección de la muestra de investigación y sus conceptos y características esenciales que tiene la unidad de análisis y la muestra de estas investigaciones. Por otra parte, se debe tener en cuenta que las muestras para estudios cualitativos son no probabilísticas, de ahí la riqueza de muestras que se pueden recurrir en el estudio. Además, se deben considerar también los tipos de muestras seleccionadas y, se deben describir los diferentes tipos de muestra seleccionada, recurriendo a los teóricos que usan y fundamentan la conveniencia de estas muestras.  Mensanza (1995) afirma que en los trabajos cualitativos se distinguen los siguientes tipo de muestras por seleccionar:

- Muestras de voluntarios
- Muestras de expertos
- Muestras de casos extremos
- Muestras de casos- tipo
- Muestras por cuotas
- Muestras en cadena o redes (bola de nieve)
- Muestras orientadas y sus diferentes tipologías (homogéneas, casos extremos, por oportunidad, teóricas, por conveniencia, etc.).

- Para su escritura debe mantener la estructura que se ha sugerido en el capítulo 3 de los trabajos cuantitativos, con la recomendación de que, si se encuentra alguna modificación o ajuste, el autor se debe sentir en la libertad de modificar lo planteado inicialmente.

- Es muy recomendable que para escribir el capítulo 3 se deje llevar en su programación por las tablas de apoyo 6, 7 y 8. Recuerde que estas tablas le dan un panorama de lo que debe contener el capítulo 3 de la propuesta y le evitará confundirse porque hay muchos conceptos que confluyen a la vez.

- Por último, para empezar a escribir este capítulo se sugiere que se divida en secciones, tal como se efectúa en la parte de las investigaciones cuantitativas, y estas secciones se identifiquen con un subtítulo de segundo nivel o tercer nivel, tal como se presenta a continuación en las siguientes secciones sugeridas.

## 3.1 (Q) INTRODUCCIÓN

5. La primera sección corresponde a la introducción del capítulo 3. Se debe escribir una ligera introducción sobre las motivaciones que tiene usted para hacer la investigación, y

hacer un repaso dentro del texto de los objetivos (o preguntas de investigación) que se intentan solucionar en este trabajo de investigación.

6. La descripción de los objetivos o preguntas de investigación no debe escribirse con numeraciones o *bullets*, sino que debe redactarse a modo de una narrativa. Esta descripción puede tener varios párrafos, pero no se recomienda que cubra más de una página.

7. Al final, para terminar esta sección introductoria, se sugiere que debe escribir un párrafo o varios de ellos (si quiere ser muy explícito) en los que indique la estructura del capítulo 3 o cómo está distribuido el capítulo. Se recomienda que verifique el **ejemplo 9** que cubre las dos recomendaciones dadas.

## 3.2 (Q) SIGUIENTES SECCIONES DEL CAPÍTULO 3 PARA TRABAJOS CUALITATIVOS

1. En esta parte se sugiere que estas investigaciones deben seguir manteniendo el formato de las investigaciones cuantitativas; aunque se debe tener en cuenta todas las recomendaciones previas que se han hecho y en el que estas investigaciones muestran una diferencia marcada con los trabajos cuantitativos.

2. Se debe escribir en detalle cómo será el proceso de inmersión inicial y describir las diferentes técnicas usadas para la recolección de datos requeridos; es decir, que se deben diseñar y comentar los distintos formatos de observación que se propone realizar en los capítulos siguientes para concluir la investigación. Una vez seleccionado el formato de observación, se debe analizar críticamente en detalle la conveniencia de este o aquel formato recurriendo a teóricos que hablen sobre las ventajas del uso del formato seleccionado.

3. También se debe detallar cómo será la organización de datos y la bitácora requerida para documentar el proceso investigativo. Se recomienda en esta sección que considere si es necesario el uso de programados computacionales que le serán útiles para la búsqueda de los resultados y el análisis correspondiente a los resultados para la solución de los problemas de investigación propuestos. Si menciona el programa computacional que usará, debe considerar hacer una descripción del programado, sus características más importantes; si es posible, muestre algún *output* esperado, así como los resultados más relevantes que se hayan obtenido con el uso de estos programas, citando siempre a teóricos que ayuden a sustentar su uso.

4. A continuación, se presentan en la siguiente tabla las diferencias que existen entre la escritura de la metodología para investigación cuantitativa y cualitativa:

**Tabla 10: Comparación de la metodología para investigaciones cuantitativas y cualitativas**

| Metodología para investigaciones cuantitativas | Metodología para investigaciones cualitativas |
|---|---|
| • No todas las investigaciones cuantitativas tienen **hipótesis**, generalmente los enfoques correlacionales y explicativos tienen tácitamente *hipótesis*. Estas están bien definidas y propuestas desde la revisión de literatura mayormente, y es lo que se pretende aprobar o rechazar en el proceso de la investigación cuantitativa. | • Casi todas las investigaciones cualitativas tienen **hipótesis**, las mismas se generan de un modo incipiente (casi como el proceso de nacer y crecer) y se van madurando en el proceso de la investigación. Se debe enunciar la *hipótesis* a base de los supuestos iniciales del trabajo. |
| • La **escritura** del tercer capítulo debe alinearse a los *diferentes alcances* que tendrá la investigación, los cuales son: a) exploratorio, b) descriptivo, c) correlacional y d) explicativo. Dependiendo del tipo de alcance que tiene la investigación se debe escribir la técnica estadística por usar, así como los tipos de datos. | • La escritura del tercer capítulo debe alinearse a los *diferentes métodos* cualitativos que se utilizarán en la investigación, los cuales son: a) etnográficos, b) teoría fundamentada, c) entrevistas, d) observaciones, e) historias de vida familiar, f) biográficos, g) estudios de casos en profundidad, h) estudios de casos y g) grupo de enfoque. |
| • Las *muestras* seleccionadas para los estudios cuantitativos son de naturaleza **probabilística** en la cual se requiere que se calcule el tamaño específico mediante formulaciones específicas y representativas. Estas a su vez pueden ser a) muestras aleatorias simples, b) estratificadas y c) por clústeres. Mientras que las **no probabilísticas o dirigidas** no se requiere que sean representativas y se deben seleccionar los participantes de acuerdo con los propósitos del estudio. | • Las *muestras* seleccionadas para los estudios cualitativos son no probabilísticas; es decir, que se seleccionan por conveniencia y facilidad al acceso de la investigación. Por lo tanto, se debe tener en cuenta los diferentes tipos de muestras seleccionadas y mencionar las ventajas y facilidades de la muestra seleccionada, recurriendo a los teóricos que usan y fundamentan la conveniencia de estas muestras. La amplitud de tipos de muestra que usan estas investigaciones les da una riqueza de análisis muy amplia. |

Elaboración propia
Fuentes: Hernández, et al. (2016) & Castro-Gonzáles (2019)

# REFERENCIAS BIBLIOGRÁFICAS

- Si la propuesta de investigación se va entregando por capítulos, después del primer capítulo (si así lo requiere el mentor) las siguientes entregas de los capítulos deben contener una sola sección de referencias bibliográficas actualizada hasta la última entrega, la misma que se debe ir actualizando conforme el proceso de escritura avanza. En esta parte es muy recomendable hacer uso de Mendeley®, que actualiza automáticamente las referencias bibliográficas, si es que desde el inicio ha empezado a usarlo. Así, a medida que se van adicionando los otros capítulos, se deben solo adicionar las nuevas referencias bibliográficas que se van usando, de modo que estas aparecen al final del trabajo en una sola sección.

- El estilo de esta sección también debe tener el mismo estilo de todo el documento, por lo que esta guía recomienda que se usen las normas de escritura APA (2019) y se ciña a las guías que tiene. Es decir, las referencias deben tener un estricto orden alfabético y se deben mencionar todas las referencias usadas en el escrito. Se presenta a continuación un ejemplo de cómo deberían presentarse las misma.

**Ejemplo 30: Referencia**

**Referencias bibliográficas**

Aguilar, V. G., & Sarmiento, J. P. (2009). Estimación de la economía oculta en el Ecuador: Aplicación de los métodos de consumo de energía, monetario y modelo de múltiples causas-múltiples efectos, para el período 1980-2006. *Fiscalidad*, 3(segundo

# BIBLIOGRAFÍA

Aguilar, V. G., & Sarmiento, J. P. (2009). *Estimación de la Economía
Oculta en el Ecuador: Aplicación de los Métodos de Consumo de
Energía, Monetario y Modelo de Múltipless Causas-Múltipless Efectos,
para el Período 1980-2006*. Fiscalidad, 3 (Segundo Semestre 2009),
35-81. Obtenido de http://www.flacsoandes.org/dspace/handle/
10469/3867

Álvarez L & Russetto R. (1996). Cómo mejora la redacción del
ensayo escolar.
*Investigación y Postgrado*. 11(01) 11-39.

Anghel, B., & Vázquez, P. (2010). *Implicaciones de la economía
sumergida en España. Madrid*: Círculo de Empresarios.

APA (2019). *Publication manual of the Association.* American
Psychological Association. 6th ed. Washington, DC, USA.

Balestrini, M. (1998). *Cómo se elabora el proyecto de investigación*.
Caracas: BL Consultores. Recuperado del día 10 de abril del 2019
de la página web:

https://www.google.com/
search?q=Balestrini%2C+verbos+usados+para+objetivos+general
es&rlz=1C1SQJL_esPR788US790&oq=Balestrini%2C+verbos+usad
os+para+objetivos+generales&aqs=chrome.69i57j33.30393j0j8&s
ourceid=chrome&ie=UTF-8

Babaresco, A. (2013). *Procesos metodológicos en la investigación:
Como hacer un diseño de investigación* (6tta ed.). Venezuela.
Imprenta Internacional C.C. de Maracaibo.

Castro-Gonzáles, S. (2019a). Técnicas escriturales para el primer
capítulo del proyecto de investigación. Recuperado el 20 de
agosto a partir de la página web: https://suagm.blackboard.com/
bbcswebdav/pid-6095821-dt-content-rid-74894008_1/courses/
12128_BUSG_505_2001_800_E/
Guia%20del%20Primer%20Capitulo_Proyecto%20InvestigacionF_
2019%282%29.pdf

Castro-Gonzáles, S. (2019b). Técnicas escriturales para el segundo
capítulo del proyecto de investigación. Recuperado el 20 de
agosto a partir de la página web: https://suagm.blackboard.com/
bbcswebdav/pid-6197027-dt-content-rid-81388507_1/courses/
12128_BUSG_505_2001_800_E/
Guia%20como%20escribir%20el%202do%20Capitulo_Proyecto%2
0de%20Investigacion_A.pdf

Castro-Gonzáles, S. (2019c). Guía para escribir el tercer capítulo del
proyecto de investigación. Recuperado el 10 de Noviembre a
partir de la página web: https://suagm.blackboard.com/
bbcswebdav/pid-5965055-dt-content-rid-73154745_1/courses/
12128_BUSG_505_2001_800_E/
12248_BUSG_505_1602_800_E_ImportedContent_2016011905394
0/Clase%20Nov%207%202015-UNE%281%29.pdf

Cassany, A. (1995). *La cocina de la escritura*. Barcelona, España:
Anagramó.

Chávez, V. & Ramírez A. (2004). *Relación entre los tipos de*

*motivación social y clima organizacional.* Recuperado de http://
biblioteca2.ucab.edu.ve/anexos/biblioteca/marc/texto/
AAQ1317.pdf

Charolles, M. (1991). El resumen del texto. París, *Practiques* No. 72.

Estudios Técnicos, Inc. (2010). *Estudio sobre la economía informal en
Puerto Rico.* San Juan: Banco Gubernamental de Fomento.

Gómez, M.A., Deslauriers J. & Alzate, M. (2016). *Cómo hacer tesis de
maestría y doctorado; Investigación, escritura y publicación* (1a ed.).
Bogotá: ECOE Ediciones.
Diaz, A. (1987). *Aproximación al texto escrito.* Colombia. Universidad
de Antioquia. Medellín -

Dell'Anno, R. (2007). The shadow economy in Portugal: An analysis
with the MIMIC approach. *Journal of Applied Economics,* 253 - 277.

Dobieki, B. (2006). *Rediger son mémoire en travail Social.* Paris: ESF
Éditeur.

Información Comercial Española. (2000). La economía sumergida.
*Boletín Económico de ICE N° 2639.*

Jie, S. W., Tat, H. H., Rasli, A., & Chye, L. T. (2011). Underground
economy: Definition and causes. *Business and Management
Review,* pages 14-24.

Lerma, H. (2016). *Metodología de la investigación: Propuesta,
anteproyecto y proyecto*(5ta edición). Bogotá: ECOE Ediciones.

Medina, J. (2016). Estimación para cuantificar la economía
subterránea en Puerto Rico entre los años 2000 al 2014: Análisis
de métodos más utilizados. (tesis inédita de maestría).
Universidad Ana G. Méndez, Carolina, PR.

Mensanza, J. (1995) *Cómo escribir bien ortografía y temas afines.*
Madrid: Edit

Escuela Española

Hernández, R., Fernández, C., & Baptista, P. (2016). *Metodología de la investigación* (6ta ed.). McGraw-Hill / Interamericana Editores, México. S.A. México, D.F.

Organización para la Cooperación y el Desarrollo Económicos (2007). *Manual sobre la medición de la economía* No Observada. Perú: Secretaría General de la Comunidad Andina.

Pol, J. C. (2004). Estimaciones de la economía subterránea: El caso de Puerto Rico. *Ensayos y monografías, no. 117. Serie de ensayos y monografías.* Universidad de Puerto Rico Recinto de Río Piedras, Unidad de Investigaciones Económicas, Departamento de Economía. Obtenido de http://economia.uprrp.edu/ensayo%2520117.pdf

Portes, A., & Haller, W. (2004). *La economía informal.* Santiago de Chile: Naciones Unidas.

Ríos, E. (2018). La espiritualidad de los empleados y el efecto en la calidad del servicio interno, y en su percepción del valor del servicio externo en empresas al detal. (tesis inédita de maestría). Universidad Ana G. Méndez, Carolina, PR.

Rivera, M. (2018). Estudio de la influencia del clima organizacional en la satisfacción laboral y el desempeño en una empresa municipal de servicio público (tesis inédita de maestría). Universidad Ana G. Méndez, Carolina, PR.

Sabra, M. M., Ahmad, A. H., & Rahman, A. (2015). The shadow economy in Palestine: Size and causes. *International Journal of Economics and Finance*, 98-108.

Schneider, F., & Enste, D. H. (2000). Shadow economies: Size, causes, and consequences. *Journal of Economic Literature,* pages 77-114.

Schneider, F., Buehn, A., & Montenegro, C. E. (2010). Shadow economies all over the world: New estimates for 162 countries from 1999 to 2007. *Policy Research Working Paper 5356.* The World Bank Development Research Group Poverty and Inequality Team & Europe and Central Asia Region Human Development Economics Unit.

UAGM-Carolina. (2019). *Manual para la preparación de propuestas e informes de* proyectos de investigación para programas graduados. Puerto Rico. Vicerrectoría de Asuntos Académicos Vicerrectoría Asociada de Asuntos Graduados e Investigación, Carolina. P.R. Recuperado el 10 de octubre del 2019 de la página web: http://www.suagm.edu/une/pdf/investigacion/manual_estilo_proyectos_investigacion.pdf

UIA (2016). *Indicaciones para la elaboración de un manuscrito original sobre investigación científica.* Costa Rica. Universidad Internacional de las Américas. Recuperado el 10 de octubre del 2019 de la página web: https://www.academia.edu/35809015/Indicaciones_para_la_Elaboraci%C3%B3n_de_un_Manuscrito_Original_sobre

UCCR & UNI. (2014). *Indicadores para la elaboración de un manuscrito original* (sobre investigación académica-científica). Costa Rica. Departamento de Investigación de la Universidad Católica de Costa Rica y el Centro de Investigación de la Universidad de Celaya. Universidad Católica de Costa Rica. Recuperado el 10 de octubre del 2019 de la página web: http://novella.mhhe.com/sites/dl/free/000001251x/1016239/IndicacionesElaboracionManuscritoOriginal.pdf

Vásquez, F. (2005). *Pregúntele al ensayista.* Bogotá: s.n. p. 159-202.

Yin, R.K. (1994). *Case Study Research – Design and Methods, Applied Social Research Methods.* Vol. 5, 2nd ed., Newbury Park, CA, Sage.

## SOBRE EL AUTOR

El Dr. Segundo Castro-Gonzáles, tiene un bachillerato en Ingeniería Química de la Universidad Nacional de Trujillo – Perú, posee una Maestría en Ciencias de Ingeniería Industrial de la Universidad de Puerto Rico – Recinto de Mayagüez de Puerto Rico y un Doctorado en Administración de Empresas de la Universidad de Puerto Rico, Recinto de Rio Piedras – USA.

Actualmente se desempeña como Profesor- investigador en el Departamento de Gerencia y en la Escuela Graduada en Administración de Empresas (EGAE) de la Facultad de Administración de Empresas de la Universidad de Puerto Rico, Recinto de Rio Piedras. Anteriormente se desempeñó como profesor-investigador de la IEN Business School de la Universidad Ana G. Méndez – Recinto de Carolina de Puerto Rico (UAGM-CA). Tiene en su haber varias publicaciones científicas en revistas Internacionales indexadas a ISI, Scopus y Latindex. Sus investigaciones han sido publicadas en Economic Systems -UK-, Investigaciones Europeas de Dirección y Economía de la Empresas - España, International Journal of Emerging Markets - USA, Revista Global de Negocios de Hawai – USA; Journal of Distribution Science – Korea del Sur; OIKOS - Chile; Estrategias Empresariales - Colombia; Helios - Perú; Academia Revista Latinoamericana de Administración de Consejo Latinoamericano de Escuelas de Administración de Empresas -CLADEA; The Journal of Applied Business and Economics – USA; International Journal of

Management and Marketing Research – USA y Forum Empresarial – Puerto Rico, entre otras. Ha dictado sus conferencias internacionales así como sus trabajos de investigación en Costa Rica, Panamá, México, USA, Ecuador, Perú, Puerto Rico y Chile, tanto en conferencias profesionales como en actividades académicas.

Se puede contactar con él en la 15 avenida Universidad Ste. 1501, San Juan, PR 00925-2535, Departamento de Gerencia – Facultad de Administración de Empresas, correo electrónico: segundo.castro@upr.edu; o visitar su página en: https://scholar.google.es/citations?user=QVUz_igAAAAJ&hl=es

Made in the USA
Middletown, DE
12 October 2020

21722302R00086